D1727561

Herzblüten

von
Sri Chinmoy

Inspirationen
für
jeden
Tag

THE GOLDEN SHORE

Titel der englischen Originalausgabe:
"My Daily Heart-Blossoms"
© by Sri Chinmoy

Zusammengestellt von Paripurnata Carlaw

Übersetzung: Pratul Halper,
Ishita Dam-Widder,
Vasanti Niemz

Gestaltung: Rüdiger Henning
Coverfoto: Mananyu Siffert

Strichzeichnungen: Sri Chinmoy

ISBN 3-89532-021-8

2. überarbeitete Auflage 2002

© 2002 der deutschen Ausgabe
The Golden Shore Verlagsges. mbH, Nürnberg

The Golden Shore Verlagsges. mbH
Austraße 74
D-90429 Nürnberg

Druck: Offsetdruckerei Pohland, Augsburg

Inhalt

Januar

Spirituelles Streben

Spirituelles Streben führt den Menschen zum Gott-Bewusstsein.

Spirituelles Streben ist der innere Schrei, die aufsteigende Flamme. Spirituelles Streben steht am Anfang unserer Reise wie auch am Ende unserer Reise. Unsere Reise ist keine gewöhnliche irdische, menschliche Reise - sie ist eine göttliche Reise. Deshalb besitzt sie weder Anfang noch Ende. Es ist eine Reise ohne Geburt und ohne Tod. Diese Reise hat ein Ziel, aber sie endet an keinem Ziel, denn sie hat erkannt, dass unser Ziel von heute nur der Ausgangspunkt unserer Reise von morgen ist. Sobald wir einmal beginnen, bewusst und aufrichtig zu streben, fühlen wir, dass wir auf der Straße der Ewigkeit gehen und dass wir dieser Straße ewig folgen werden und dabei Licht, mehr Licht, unermessliches Licht, unendliches Licht empfangen und erlangen. Dieses Licht werden wir der strebenden Menschheit anbieten, damit diese unsere Welt zum Königreich des Himmels werden kann.

Wenn Gott in dein Leben tritt,
bringt Er Sein Mitleidsglockenspiel,
um es in deinem Strebensherzen
erklingen zu lassen.

Strebsamkeit ist ein glühendes Feuer, das auf geheime und heilige Weise unser Bewusstsein erhebt und uns schließlich befreit.

Strebsamkeit, die innere Flamme. Im Gegensatz zu anderen Flammen verbrennt diese Flamme nichts. Sie reinigt, erleuchtet und verwandelt unser Leben. Wenn unsere niedere Natur gereinigt wird, hoffen wir, Gottes Angesicht zu sehen. Wenn Erleuchtung in unserer äußeren Natur dämmert, fühlen wir, dass Gott uns nah und vertraut ist, dass Er all-durchdringend und all-liebend ist. Wenn sowohl unsere niedere als auch unsere äußere Natur zur Verwandlungsflamme wächst, werden wir die Wahrheit erkennen, dass Gott Selbst der innerste Führer, die strahlendste Reise und das höchste Ziel ist.

Strebsamkeitsfeuer
ist augenblickliche Reinigung.
Machtvoll reinigt es
den schlafenden Körper,
das würgende Vitale
und den zweifelnden Verstand.

Kein Streben, keine Verwirklichung.

Gewisse Menschen stehen unter dem Eindruck, Begehren und Streben seien dasselbe. Unglücklicherweise - oder glücklicherweise - stimmt das nicht. Es sind zwei vollkommen verschiedene Dinge. Begierde will die Welt binden und verschlingen. Strebsamkeit will die Welt befreien und nähren. Begierde ist die ausströmende Energie. Strebsamkeit ist das einströmende Licht. Begierde sagt zum Menschen: "Besitze alles. Du wirst glücklich sein." Armer Mensch. Sobald er auch nur etwas besitzen möchte, sieht er, dass er bereits gnadenlos gefangen ist und von allem in Gottes Schöpfung besessen wird. Strebsamkeit sagt zum Menschen: "Verwirkliche nur Eines und dieses Eine ist Gott. Du wirst glücklich sein." Glücklicher und gesegneter Mensch. Auf seinem Weg nach oben und nach innen fühlt er, lange bevor er Gott sieht, erhabenen Frieden in seinem inneren Leben und strahlende Freude in seinem äußeren Leben. Dann erkennt er, dass die Verwirklichung des höchsten Jenseits nicht länger in weiter Ferne bleiben kann.

Wenn ich in meinem begehrenden Verstand lebe,
bringe ich meinem höchsten Herrn
ein sehr schmerzhaftes Gebet dar.
Wenn ich in meinem strebenden Herzen lebe,
segnet mich mein höchster Geliebter
nicht nur mit einer seelenvollen Meditation,
sondern auch mit einer fruchtbaren Erfüllung.

*Bewusstes Streben ist das erste,
was wir brauchen. Streben ist alles,
was wir haben und was wir sind.
Als nächstes müssen wir dem Höchsten
unser seelenvolles Streben
bewusst darbringen,
um mit Ihm eins werden zu können.*

Strebsamkeit ist unser innerer Drang, sowohl die Erfahrung als auch die Verwirklichung, die wir bereits erreicht haben, zu transzendieren. Seelenvolles Streben kann entwickelt werden. Es ist wie das Überqueren einer Straße: man macht einen Schritt nach dem anderen. Jedesmal wenn wir streben, vollbringen wir in der Tiefe unseres Bewusstseins das Wunder, das Jenseits willkommen zu heißen. Das Leben besitzt eine innere Türe. Seelenvolles Streben öffnet diese Türe. Begierde schließt sie. Strebsamkeit öffnet die Türe von innen. Begierde schließt die Türe von außen. Das Leben besitzt eine innere Lampe. Diese Lampe heißt Strebsamkeit. Wenn wir unsere Strebsamkeitslampe immer brennen lassen, wird sie unweigerlich ihren strahlenden Glanz auf Gottes gesamte Schöpfung übertragen.

*Ich habe meine Begierdegedanken ausgehungert.
Deshalb steigen meine Strebsamkeitsflammen
sehr schnell empor
und berühren bald
die Lotosfüße meines geliebten Supreme.*

*W*as wir brauchen ist inneres Streben,
die Suche nach der Wahrheit,
und sonst nichts.
Wenn wir diesen inneren Schrei nach
Wahrheit besitzen,
brauchen wir nichts anderes.

Strebsamkeit ist ein Schrei in unserem Herzen. So wie ein Kind schreit, wirst du auch im Herzen einen Schrei verspüren. In dir ist ein Kind, das Tränen vergießt. Es weint, weil es über sich hinausgehen will. Diesen aufsteigenden Schrei, diesen emporstrebenden Schrei in unserem Herzen nennen wir inneres Streben oder Strebsamkeit. Wenn wir mit den Tränen unseres Herzens streben, sehen wir, wie Gott von oben zu uns herabkommt. Das Herz schreit voller Sehnsucht, wie eine aufsteigende, emporlodernde Flamme. Diese Flamme des Herzens möchte über das Denken hinaus nach oben steigen und klettert stetig weiter. Und Gott kommt wie ein herabströmender Fluss unaufhörlich mit Seiner Gnade herab. Es ist wie bei zwei Menschen, die sich treffen. Der eine befindet sich im ersten Stock, der andere im dritten. Und was geschieht? Wir steigen in den zweiten Stock hinauf und Gott kommt in den zweiten Stock herab. Dort treffen wir uns und erfüllen uns gegenseitig. Wenn Strebsamkeit und Gnade zusammentreffen, erfahren wir die göttliche Erfüllung der Vereinigung mit Gott.

Nein, kein innerer Schrei
kann jemals
unerhört bleiben.

Wir spüren den Wunsch, Gott auf unserer Seite zu haben. Doch wir brauchen das innere Streben, uns auf Gottes Seite zu werfen.

Wenn wir zwar Begierde, aber kein inneres Streben haben, so ist das besser als weder Begierde noch Streben zu besitzen. Wir werden viele notwendige Erfahrungen machen und schließlich feststellen, dass im Begehren keine Erfüllung liegt. Dann werden wir ins Meer der Strebsamkeit springen. Doch wenn jemand ins Reich der Begierde zurückkehrt, nachdem er bereits die Welt des Strebens betreten hat, so ist das eine wirkliche Katastrophe. Wenn jemand nicht strebt, können wir sagen, er wisse es eben nicht besser. Er weiß nicht, dass es inneren Frieden, innere Glückseligkeit und inneres Licht gibt. Wenn jemand das Licht nicht gesehen hat, und sich in einem dunklen Raum aufhält, wird ihm Gott keinen Vorwurf machen, da er sich nicht bewusst ist, dass es auch einen Raum voller Licht gibt. Doch wenn jemand wieder in die gewöhnliche Welt zurückkehren will, nachdem er bereits innere Erfahrungen gemacht hat, wird er ein Opfer von Frustration und innerer Zerstörung werden.

*Wenn du deine Begierdegeschichte
wirklich kurz halten willst,
dann beginne unverzüglich,
ein langes Strebsamkeitslied zu singen.*

Ein Herz ohne Strebsamkeit ist unweigerlich ein völlig verlorener Reisender.

Wenn du einmal in das spirituelle Leben eingetreten bist, dann kehre niemals wieder in das gewöhnliche Leben zurück. Wenn du in das gewöhnliche Leben zurückkehrst, wirst du in der äußeren Welt zum Gegenstand des Spottes und in der inneren Welt zum Gegenstand des Misstrauens werden. Die Leute werden sagen: "Dieser Kerl hat versagt; deshalb hat er aufgeben und ist zu uns zurückgekehrt." Die göttlichen Kräfte im Kosmos werden sagen: "Ach, ihm liegt nichts an uns. Ihm liegt mehr am Leben der Unwissenheit", und sie werden nicht länger versuchen, dir zu helfen. Außerdem wirst du immer einen bewussten oder unbewussten Vergleich ziehen zwischen dem göttlichen Leben, das du aufgegeben hast, und dem Leben, zu dem du zurückgekehrt bist. Dieser Vergleich wird für das gewöhnliche Leben immer negativ ausfallen. Deine Seele, der göttliche Funke in dir, wird dich fühlen lassen, dass du etwas ausgesprochen Wertvolles aufgegeben hast. Dann wird sich Frustration in deinem gewöhnlichen Leben breit machen.

Verliere nicht dein Strebsamkeitsherz!
Wenn du dein Strebsamkeitsherz verlierst,
wird dein Frustrationsverstand
stetig größer und größer werden.

*Ein Leben des Strebens
ist ein Leben des Friedens.
Ein Leben des Strebens
ist ein Leben der Seligkeit.*

Bevor wir die Welt der Strebsamkeit betreten, verweilen wir in der Welt der Begierden. Wenn wir in der Begierdewelt leben, ist Großartigkeit für uns von herausragender Bedeutung. Selbst wenn wir gerade das Leben der Strebsamkeit begonnen haben, spielt die Botschaft der Größe am Anfang manchmal noch eine wichtige Rolle. Doch die wahre Botschaft der Strebenswelt ist Güte. Begierde sehnt sich nach Größe, Strebsamkeit sehnt sich nach Güte.

*Gib deinem Herzen Strebsamkeit.
Das ist, was dein Herz braucht.
Gib deinem Leben Erleuchtung.
Das ist, was dein Leben verdient.*

> Durch die Kraft unseres inneren
> Schreis, den wir Strebsamkeit
> - die aufsteigende Flamme in uns -
> nennen, kann Gott gesehen werden.

Es gibt keinen anderen Weg zu erfahren, was Gott macht, was Gott hat und was Gott ist, als durch mein Leben des inneren Strebens. Mein Leben der Strebsamkeit schenkt mir alle Geheimnisse des Höchsten. Es erzählt mir, was Gott im Geheimen macht. Es erzählt mir, was Gott im Geheimen besitzt. Und es erzählt mir, was Gott im Geheimen ist. Nur meinem Leben der Strebsamkeit stehen alle Geheimnisse Gottes offen.

Bevor ich mein Leben des Strebens begann,
war ich ein einsames Herz.
Doch jetzt bin ich
ein lächelndes und tanzendes Weltherz.

Streben bedeutet innere Ruhe.
Diese Ruhe findet ihre Erfüllung nur,
wenn sie sich durch all-sehendes und
all-liebendes Nichtverhaftetsein
ausdrücken kann.

Es gibt einen bestimmten Weg, die Verwirklichung zu beschleunigen, und dieser Weg ist bewusstes Streben. Gott muss an erster Stelle stehen. Es darf keine Mutter, keinen Vater, keine Schwester, keinen Bruder geben - nichts anderes als Gott. Gott allein. Es stimmt zwar, dass wir Gott in der Menschheit sehen wollen, doch zuerst müssen wir Ihn von Angesicht zu Angesicht sehen. Die meisten von uns wünschen sich Geld, Anerkennung, Ruhm, materiellen Erfolg und Wohlstand; aber wir schreien nicht nach einem Funken innerer Weisheit. Wenn wir aufrichtig, hingebungsvoll und seelenvoll nach bedingungslosem Einssein mit unserem inneren Führer schreien, wird der heutige Mensch der Unvollkommenheit in den Gott von morgen, die Verkörperung vollkommener Vollkommenheit, verwandelt werden.

So wie mich
der Rachen meines Begierdelebens erschreckt,
so stärken mich
die Augen meines Strebsamkeitsherzens.

*Wenn wir streben, gehen wir
weit über das Reich
des physischen Verstandes hinaus
und sitzen zu Füßen Gottes, des Lichts.*

Wie streben wir? Durch richtige Konzentration, richtige Meditation und richtige Kontemplation. Strebsamkeit umfasst sowohl Meditation als auch Gebet. Wer betet, fühlt, dass er einen inneren Schrei besitzt, Gott zu verwirklichen, und wer meditiert, fühlt ebenso die Notwendigkeit, Gottes Bewusstsein direkt in sein Wesen zu bringen. Der Unterschied zwischen Gebet und Meditation ist folgender: wenn ich bete, spreche ich und Gott hört zu, und wenn ich meditiere, spricht Gott und ich höre zu. Wenn ich bete, muss Gott zuhören. Doch wenn ich meditiere, wenn ich meinen Verstand ruhig und still mache, höre ich, was Gott mir schon immer gesagt hat. So sind also beide Wege richtig.

*Um Gott
in Seinen transzendentalen Hohen
zu verwirklichen,
braucht jeder Sucher
ein sehr weitreichendes Strebsamkeitsprogramm.*

Durst nach dem Höchsten ist Strebsamkeit.

Jedesmal wenn du strebst, nimmt deine Vollkommenheit zu. In deinem Streben wächst und strahlt Vollkommenheit. Aufrichtiges Streben bedeutet das Öffnen des Vollkommenheitslotos. Wie du weißt, hat eine Lotosblume viele Blütenblätter. Jedesmal wenn du wirklich seelenvoll strebst, öffnet sich ein Blütenblatt des Lotos. Und wenn sich ein Blütenblatt öffnet, bedeutet das, dass die Vollkommenheit des gesamten Lotos wächst.

Strebsamkeitsbemühungen
bringen stets erfüllende Resultate.
Es mag manchmal einige Zeit dauern,
doch die Ergebnisse
sind unumstößlich sicher.

Strebsamkeit ist die endlose Straße, die ewig zum sich ständig transzendierenden Jenseits führt.

Wenn du von der Stunde Gottes sprichst, dann sei dir bewusst, dass dies der göttliche Augenblick ist, zu dem Gott möchte, dass du Ihn verwirklichst und hier auf der Erde manifestierst. Wie kannst du die Stunde Gottes und dein eigenes Streben miteinander in Einklang bringen? Du wirst deinen Teil beitragen. Das heißt, du wirst deine eigene Rolle möglichst seelenvoll spielen. Du solltest zuerst seelenvoll meditieren. Vor deiner Meditation musst du jeden Tag ein bestimmtes Ziel vor Augen haben, und dieses Ziel ist die höchste Höhe, die transzendentale Höhe, die du zu erreichen versuchst. Du kannst es das goldene Ufer des Jenseits nennen. Wenn die Meditation vorbei ist, hast du das Höchste immer noch nicht erreicht. Deine Absicht oder dein seelenvoller Wille, das Höchste zu erreichen, war da, aber du hast es immer noch nicht erreicht. Wenn du dich nun traurig oder elend fühlst, wirst du dein Ziel niemals erreichen können.

Jeder Tag voll Streben
beginnt mit neuen Möglichkeiten.
Jeder Tag voll Streben
endet mit neuen Errungenschaften.

In der Strebsamkeit, und nirgendwo sonst, wohnt die Errettung des Menschen.

Fühle, dass es eine bestimmte Stunde, eine goldene Stunde gibt, zu der es dir bestimmt ist, dein Ziel zu erreichen. Über die Stunde Gottes kannst du nicht verfügen; sie gehört Gott. Nach Seinem eigenen Willen wird Er sie dir schenken, aber du hast jedes Recht, dir vorzustellen, es sei hier in deiner heutigen Meditation. Wenn deine heutige Meditation vorbei ist und Gottes Stunde nicht gekommen ist, dann sei nicht betrübt. Bereits morgen hast du während deiner Meditation wieder jedes Recht, auf die Stunde Gottes zu hoffen.

O mein Herz des Strebens,
bleibe bei mir.
Meine Seele der Glückseligkeit kommt,
um dich und mich
in den Ekstasepalast des Himmels
zu führen.

Ein schlafloses Strebensherz ist Gottes endloser Zufriedenheitsstolz.

Gottes Stunde ist wie eine Lotosblume. Sie erblüht Blütenblatt um Blütenblatt. Tief in dir ist ein Lotos, doch es öffnet sich nur ein Blütenblatt nach dem anderen. Wenn sich alle Blütenblätter geöffnet haben, ist die Lotosblume voll erblüht. Genauso liegt die Stunde Gottes im Inneren unseres spirituellen Strebens. Du kannst Gottes Stunde nicht von deinem eigenen Streben trennen. Sobald dein Streben das Höchste, den Gipfel der Vollkommenheit erreicht hat, erblüht die Lotosblume, die wir die Stunde Gottes nennen, von allein in ihrer ganzen Fülle.

Was ich heute besitze,
ist ein winziger Strebsamkeitssame.
Was ich morgen besitzen werde,
ist eine kraftvoll entwickelte
Verwirklichungsblüte.

*Wenn du die Flamme
deiner Strebsamkeit entwickeln willst,
versuche zu fühlen, dass dein Leben
ein Leben der Widmung ist.*

Meine einzige Bitte an dich ist: versuche nichts zu erzwingen. Gott hat dich gebeten zu streben, also strebe. Dann liegt es an Gott, dir den göttlichen Sieg zu schenken. Es liegt bei Ihm, dein Streben zu erfüllen. Fasse jeden Tag den Entschluss: "Das werde ich heute erreichen." Du versuchst damit nicht, dein Ego zu vergrößern oder zu nähren. Doch du musst fühlen, dass du nur dann ein bewusstes Instrument des Supreme werden wirst, wenn du dein Ziel erlangen und deine Bestimmung erreichen kannst.

*Lass dein Strebensherz
ausdauernd sein.
Dann wird dein Widmungsleben
automatisch überzeugend sein.*

Spirituelles Streben
ist das Erwachen der Seele.

Wir alle sind Instrumente des Höchsten. Doch die meisten von uns sind sich dessen nicht bewusst. Wir wissen nicht, dass wir Instrumente sind, wir glauben, wir seien die Handelnden. Aber wenn wir das spirituelle Leben beginnen, fühlen wir allmählich, dass nicht wir die Handelnden sind; jemand anderes ist der Handelnde, und dieser "jemand" ist der innere Führer, der Supreme. Weil du im Augenblick noch deine eigene Individualität und Persönlichkeit besitzt, hast du jegliches Recht zu fühlen, dass du betest und meditierst. Doch ein Tag wird kommen, an dem du erkennen wirst, dass nicht du es bist, der betet und meditiert, sondern jemand anderes, und dieser "jemand" ist der Supreme in dir.

Wie kannst du
auf dem Schlachtfeld des Lebens verlieren,
wenn du bereits bestens
mit dem Wirklichen in dir vertraut bist:
dem Strebsamkeitsschrei deines Herzens?

Im Leben des Strebens sind zwei Dinge von überragender Bedeutung: Willenskraft und Gebet.

Alles hängt von den Zielen ab, die du dir setzt. Heute willst du vielleicht Gottverwirklichung, doch schon morgen magst du dich elend fühlen bei dem Gedanken, dass du die Welt nicht mehr wirst genießen können, wenn du Gott verwirklichst. Früh am Morgen sehnst du dich vielleicht nach Frieden, Licht und Glückseligkeit in unendlichem Maße. Du sagst Gott, dass du ohne Ihn nicht leben kannst. Doch am Nachmittag kann deine eigene Strebsamkeit dir völlig fremd werden. Du hast vielleicht das Gefühl, wenn du Gott verwirklichst, wird Er dir nicht mehr erlauben, die zahllosen Unvollkommenheiten, das vitale Leben und all diese Dinge zu genießen. Willst du in diesem Moment wirklich Gott, oder willst du dein emotionales Leben? Strebe, strebe jeden Augenblick. In deinem Streben wird die Stunde Gottes unweigerlich schlagen.

*Es scheint, dass mein Herr
tagein und tagaus
nur eines zu tun hat:
den Strebensschrei meines Herzens
zu verstärken.*

*Strebsamkeit ist
in ihrer einfachsten Definition
eine anmutige Flamme,
die zum Himmel emporsteigt.*

In der inneren Welt anerbieten wir unser Streben als Gegenleistung für die Gottverwirklichung. Die Flamme unseres Strebens wird von Gott selbst entzündet. Auch die Frucht unserer Verwirklichung erhalten wir direkt von Gott. Gott ist die Inspiration in uns. Gott ist der ewig Gebende. Gott ist der ewig Empfangende in uns. Gott gebraucht Strebsamkeit, um uns zu Sich zu führen. Gott gebraucht Verwirklichung, um Sich selbst zu uns zu bringen. Gott ist Opfer, wenn wir in der Welt der Strebsamkeit leben. Gott ist Opfer, wenn wir im Reich der Verwirklichung leben. Doch Gott sagt, dass es so etwas wie Opfer nicht gibt. Es gibt nur eines hier auf Erden und dort im Himmel, und das ist Einssein: die Erfüllung im Einssein und die Erfüllung des Einsseins.

*Mein Streben wird,
wie Gottes Mitleid,
ewig unendlich und unsterblich sein.*

Im Streben und nirgendwo sonst, wohnt die Errettung des Menschen.

Zwischen Aussaat und Ernte vergeht immer eine gewisse Zeit. Im spirituellen Leben ist die Saat Strebsamkeit und die Ernte Verwirklichung. Ohne Strebsamkeit kann Verwirklichung niemals dämmern. Was ist spirituelles Streben? Ist es etwas, das wir bereits besitzen oder etwas, das wir noch erhalten werden? Es ist beides. Wenn wir sagen, wir besitzen Strebsamkeit, so haben wir recht, denn ab und zu denken wir tatsächlich an Gott und meditieren auf Gott. Wenn wir dagegen sagen, dass wir zwar noch keine Strebsamkeit besitzen, sie aber eines Tages besitzen werden - so stimmt das ebenfalls, denn unsere Liebe zu Gott ist weder spontan noch beständig. Wenn wir zu Füßen der Ewigkeit sitzen, erkennen wir, dass auf Strebsamkeit unweigerlich Verwirklichung folgt. Und wenn wir einmal mit der ewigen Zeit Freundschaft geschlossen haben, begreifen wir, dass Verwirklichung schon immer da war, verborgen in unserem Streben.

Keine ungöttliche Kraft,
keine feindliche Macht,
kein Unbewusstheits-Ungeheuer
kann die Höchstgeschwindigkeit
unseres Strebens-Widmungs-Bootes
verlangsamen,
das am goldenen Ufer
unseres geliebten Supreme
zu Seiner eigenen auserwählten Stunde
ankommen wird.

Strebsamkeit ist Selbsthingabe, und Selbsthingabe ist das bewusste Einssein des Menschen mit Gottes Willen.

Wir leben alle in einer Welt der Dualität, der Vielfalt und der Verschiedenheit. Wenn wir unser Bewusstsein zum Höchsten erheben möchten und zu streben versuchen, kommt die Begierde, der Dieb, und beraubt uns. Sie nimmt uns unser psychisches Streben, unsere reine Ergebenheit zu Gott, unseren hingegebenen Willen, den wir dem allmächtigen Willen darbringen. Christus sagte: "Solange ein Mensch nicht neu geboren wird, kann er das Königreich Gottes nicht sehen." Was lernen wir von dieser erhabenen Botschaft? Wir lernen, dass das Leben des Begehrens dem Leben des Strebens weichen muss. Solange das Leben des Strebens nicht zum Vorschein kommt, kann niemals ein neues Leben beginnen. Das Königreich Gottes kann nur dann errichtet werden, wenn wir die Flamme des Strebens tief in uns entzünden.

Mein verwirrter Verstand sagt mir,
das Leben sei nichts
als ein schrecklicher Alptraum.
Mein strebendes Herz sagt mir,
das Leben könne
ein wunderschöner Traum sein.
Warum soll ich
meinem selbstgebenden Herzen
nicht eine Chance geben?

Die wirkliche Umwandlung der menschlichen Natur vollzieht sich nicht durch ein strenges, asketisches Leben oder ein völliges Sich-Zurückziehen aus der Welt, sondern durch eine schrittweise und allumfassende Erleuchtung des Lebens. Und dafür benötigt man Strebsamkeit. Strebsamkeit allein ist der Vorbote dieser Erleuchtung.

Wenn du einen Bewusstseinszustand erlangen kannst, in dem du fühlst, dass du nicht einmal einige Minuten lang ohne Gott leben kannst, wirst du Gott verwirklichen. Zu diesem Zeitpunkt wirst du Gott kraft deines höchsten Strebens verwirklichen. Die innerste Flamme in dir muss entzündet werden, und dann musst du schreien - schreien nach Gott, so wie ein Kind nach seiner Mutter schreit. Nur dann ist Gottverwirklichung möglich.

Jede Sekunde des Strebens
ist ein sich schnell
Gott nähernder Tag.
Dies ist wahrlich
eine überragende Erfahrung
im Leben eines Suchers.

Wenn du nicht weißt, wohin
der Fluss deines Lebens fließen soll,
so rate ich dir, dem Strebsamkeitsboot
deines Herzens zu folgen.

Die innere Lehre. Was lernen wir von der inneren Lehre? Strebsamkeit. Strebsamkeit ist die innere Flamme, der aufsteigende Schrei in uns. Jeder Mensch besitzt diese brennende Flamme in seinem Inneren. Doch unglücklicherweise bemühen wir uns zumeist nicht, die Flammen des Strebens in uns zu gebrauchen. Wir setzen in unserem täglichen Leben lieber etwas anderes ein: Begierde. Begierde bindet uns. Streben befreit uns. Die Botschaft der Begierde ist, zu besitzen und besessen zu werden. Die Botschaft des Strebens ist, unsere irdische Existenz auszudehnen, auszuweiten und unsterblich zu machen.

Strebsamkeit steigt langsam empor.
Doch wenn du deine Strebsamkeit schätzt,
steigt sie selbstverständlich
schnell und leicht empor.

*Der Schrei deines Herzens
ist ein wahrer Schatz. Erlaube deiner
dunklen, unerleuchteten, entmutigenden
und zerstörerischen Lebenskraft nicht,
leichtfertig damit umzugehen.
Der Schrei deines Herzens steigt wie
ein Adler empor, um das höchste Ziel
deiner reinsten Seele zu erreichen.*

Frustration und Depression können uns niemals helfen. Wenn wir schreien, darf dies nicht aus Frustration und Depression geschehen. Wir müssen aus unserem innersten Herzen mit der kraftvoll emporsteigenden Flamme des Strebens schreien. Das ist der Schrei, der uns zum Höchsten trägt. Spirituelle Menschen müssen optimistisch sein, denn sie müssen Vertrauen in Gottes Licht haben. Wir müssen versuchen, im Licht zu bleiben und nicht in der Nacht oder in der Dunkelheit. Wenn wir im Licht bleiben, kann es kein Gefühl des Versagens und keine Frustration geben.

*Ein unerwarteter innerer Schrei
hat die Frustration seines Lebens
in eine äußerst kraftvolle
Strebsamkeitswonne verwandelt.*

Das Leben, das nicht nach Gottverwirklichung strebt, ist keine leere Eierschale wert.

Wenn wir streben, können wir nie sagen, wir seien unbewusst. Wenn wir streben, tun wir bewusst jeden Augenblick das Richtige. Unbewusst sind wir nur, wenn wir nicht streben. Wann immer du also aufrichtig strebst, fühle, dass du bewusst bist. Wenn du nicht aufrichtig strebst, bist du unbewusst. Wie willst du so die ungöttlichen Kräfte besiegen? Lasst uns also immer streben. Nur in unserem Streben können wir ständig bewusst sein. Streben und unser bewusstes Gewahrsein gehen immer Hand in Hand. Wenn wir bewusst streben, können wir nicht unbewusst ungöttliche Gedanken hegen.

O Welt, binde mich nicht,
blende mich nicht!
Lass mich einfach
in das Strebsamkeitsheim
meines Herzens zurückkehren!

Wir müssen streben,
um das goldene All zu erreichen,
um das goldene Ufer des Jenseits,
das sich ewig transzendierende Jenseits
zu sehen.
Das ist es, was wir von unserer
Strebsamkeit, der emporsteigenden
Flamme in uns, erwarten.

Wie kannst du der Strebsamkeit mehr Wert beimessen? Du kannst dem Streben nur dann mehr Wert beimessen, wenn du weißt, was dir Strebsamkeit geben kann. Versuche das Ziel immer in dir zu sehen. Du siehst eine Frucht. Du weißt, dass du nur dann zufrieden bist, wenn du die Frucht isst. Versuche also zu fühlen, dass Strebsamkeit eine Frucht ist, die dir nur dann Erfüllung schenkt, wenn du sie isst. Jeden Tag musst du streben, jeden Tag. Das Ergebnis, das du dann erhältst, ist Verwirklichung.

Strebsamkeit
ist eine sich bewusst ausdehnende
Gelegenheit
für goldene Möglichkeiten.

*S*trebsamkeit ist
unser innerer Drang, sowohl die
Erfahrung als auch die Verwirklichung,
die wir bereits erreicht haben,
zu transzendieren.

Du wirst der Strebsamkeit den höchsten Wert beimessen können, wenn du weißt, dass dir Strebsamkeit Verwirklichung, dass dir Strebsamkeit höchste Zufriedenheit geben wird. Wenn du das endgültige Resultat deines Handelns kennst, wird es dir nicht an Strebsamkeit mangeln. Du verlierst deine Strebsamkeit, weil du dir nicht ständig bewusst bist, was Strebsamkeit für dich tun kann. Wir beten zwei Tage, zwei Monate oder zwei Jahre lang und dann vergessen wir das Ziel völlig. Aber das reicht nicht. Du musst zwanzig Jahre lang beten. Wenn du einen Gasherd hast, musst du den Knopf bis zu einem bestimmten Punkt drehen, bevor sich die Flamme entzündet. Wenn du nur ein wenig drehst und dann aufhörst, wird es kein Feuer geben. So muss auch dein Streben erst einen bestimmten Punkt erreichen, nur dann wird es dir Verwirklichung bringen.

*Ein Herz des Strebens
und ein Verstand der Entschlossenheit
erhalten besondere
Zuneigungssegnungen
von Gott.*

Schau, wieviel Kraft
nur ein Funke Strebsamkeit besitzt!
Er hat die Kraft, uns fühlen zu lassen,
dass der unendliche Gott vollkommen
uns gehört. Und mehr noch, dass Gottes
unendliche Liebe, Freude, Kraft und
Gottes unendlicher Frieden uns ständig
zur Verfügung stehen.

Nach ein paar Jahren wird Strebsamkeit eintönig. Anstatt den Baum hinaufzuklettern, steigen viele wieder herab. Du musst also versuchen, dir bewusst zu sein, was dir Strebsamkeit bringen wird. Wenn du dir anschaust, was nach dem Streben kommt, nämlich Verwirklichung, wirst du dich von selbst gründlich mit Strebsamkeit vorbereiten, stärken, ja überfluten wollen. Schaue also immer einen Schritt voraus; schaue einen Schritt voraus zur Verwirklichung. Dann wird es dir nicht an Strebsamkeit fehlen. Du wirst von Strebsamkeit überflutet werden.

Erlaube den Wolken
deines Verstandes nie,
über dem Strebsamkeitsbaum
deines Herzens zu hängen.

Wenn du aufrichtig
tief nach innen gräbst, wird sich
der Strebsamkeitsquell deines Herzens
nicht länger verbergen können.

Du kannst deine göttlichen Eigenschaften entdecken, indem du tief nach innen gräbst. So wie ein Bergarbeiter gräbt und etwas findet, so kannst auch du graben. Mit Graben ist hier dein innerer Schrei gemeint. Wenn du schreist, tauchst du tief nach innen. Um deine göttlichen Eigenschaften zu entdecken, musst du unaufhörlich innerlich schreien. Jedesmal wenn du schreist, gräbst du tief in dein Inneres, und wenn du tief in dein Inneres gräbst, entwickelst du deine Eigenschaften. Denke also bitte jeden Augenblick an das Werkzeug, das in dir gräbt. Es ist dein Streben. So wie ein Bergarbeiter ein Werkzeug benützt, um im Boden zu graben, so benötigst auch du einen ständigen inneren Schrei, um in deinem Herzen zu graben.

Zwei Geschenke
erhält der Mensch
von seinem festen Glauben:
er kann nicht
ohne Gottes Zufriedenheit leben,
und Gott kann nicht
ohne sein Streben leben.

Mein Herr und Gott.
Anerkennung von außen
reizt das Menschliche in mir.
Strebsamkeit von innen
stärkt das Göttliche in mir.
O gib mir meinen Strebsamkeitsnektar
und nicht mein Anerkennungsgift!

Wir streben. Wonach streben wir? Wenn wir nach Größe streben, so ist unser Streben nicht wahre Strebsamkeit. Wenn wir nach Güte streben, ist unser Streben wirkliches göttliches Streben. Güte ist das Ziel wahren Strebens. Größe allein ist ein ständiger Wettkampf. In ihr gibt es keine Zufriedenheit. Durch Wettkampf allein können wir niemals Zufriedenheit erlangen. Doch wenn wir Güte entwickeln, wenn wir zu Gottes göttlichen Instrumenten werden, erlangen wir Erfüllung weit über unser Vorstellungsvermögen hinaus.

Früher bettelte er
um Erfüllungs-Almosen.
Jetzt ist er schon
mit Strebsamkeits-Almosen
zufrieden.

*Solange dein Herz
eine stetig emporsteigende
Strebsamkeitsflamme bleibt,
spielt es keine Rolle,
welche Schwächen du hast.*

Wenn ein Sucher einmal in den innersten Winkeln seines Herzens das innere Streben entdeckt hat, sind all seine Probleme gelöst. Sämtliche vergangenen, gegenwärtigen und zukünftigen Probleme zusammen sind hilflos im Angesicht der Strebsamkeit, denn Strebsamkeit ist die brennende, leuchtende Flamme in uns. Sie ist eine Flamme ohne Ursprung und Ende, die hoch, höher, am höchsten steigt und all das reinigt, was in unserer unerleuchteten, dunklen, unreinen Natur gereinigt werden muss. Während sie die unerleuchteten, dunklen, unreinen Eigenschaften in uns erleuchtet, macht sie die göttlichen Eigenschaften in uns unsterblich: Glauben an Gott, Liebe zu Gott und bedingungslose Selbsthingabe, die zu Gott sagt: "Dein Wille geschehe."

*Gottes Zuneigungslicht
gießt jeden Tag
segensvoll und kraftvoll
die Strebsamkeitspflanzen seines Herzens.*

Februar

Freude und Glückseligkeit

Gott ist reine Glückseligkeit.

Wenn du Freude hast, so ist diese Freude im zentralen Wesen, im Herzen selbst. Wenn du wirklich voller Freude bist, so bleibt diese Freude gewöhnlich mit größter Zuversicht im Herzen. Innere Freude bedeutet wirkliche innere Sicherheit. Wenn du hingegen glücklich bist, kann das auf einer viel niedrigeren Ebene des Bewusstseins sein - auf der physischen Ebene, der vitalen Ebene oder der mentalen Ebene. Glücklichsein ist wie ein Vogel, der seine Flügel nur ausbreiten kann. Freude ist wie ein Vogel, der vom Herzen aus fliegen kann. Freude ist höher als Glücklichsein. Jedoch ist Glückseligkeit viel höher als Freude und ihr weit überlegen. Sie ist beiden, der Freude und dem Glücklichsein, unendlich weit überlegen. Man kann sie nicht miteinander vergleichen. Wenn du Seligkeit erfahren kannst, wirst du unsterblich. Sie kommt von einer viel höheren Ebene des Bewusstseins.

*Heute werde ich mir selbst
das größte Glück schenken.
Wie die Morgensonne
werde ich meinen Körper
mit Mitleid überfluten,
werde ich mein Vitales
mit Anteilnahme überfluten,
werde ich meinen Verstand
mit Einfachheit überfluten
und werde ich mein Herz
mit Reinheit überfluten.*

Entweder schwimmst du im Meer seelenvoller Glückseligkeit, oder du wirst von der Gewalt der Zerstörungs-Depression ergriffen.

Zur Vervollkommnung unseres menschlichen Lebens brauchen wir mehr als alles andere die Glückseligkeit unserer Seele. Wenn wir im Physischen leben, sind die dichten Wolken des Begehrens natürlich, notwendig und unausweichlich. Wenn wir in der Seele leben, sind die ewig emporsteigenden Flammen des Strebens natürlich, notwendig und unausweichlich.

Mein höchster Herr,
was ist der Unterschied
zwischen Glücklichsein und Glückseligkeit?

"Mein Kind,
Glücklichsein ist eine Erfahrung,
und Glückseligkeit ist eine Wirklichkeit,
die die Erfahrung transzendiert."

Freude
- innen, außen, unten, oben -
wird dein einziger Name sein, wenn du
allein der Liebe Gottes treu bist.

Freude erlebt man auf der physischen Ebene. Wonne verspürt man auf der inneren Ebene, aber sie konzentriert sich auf etwas Bestimmtes. Glückseligkeit durchflutet mit ihrem unsterblichen Licht das gesamte Wesen. Ein Mensch, der nicht strebt, kann Freude empfinden, doch er kann keine Wonne oder Glückseligkeit fühlen. Glückseligkeit ist Unendlichkeit. Glückseligkeit ist die Freiheit der Unsterblichkeit, die ständig in den Himmel der Unendlichkeit fliegt.

Ertränke deinen eigenen Ruhm,
wenn du ein Leben des Friedens willst.
Verachte deinen eigenen Sieg,
wenn du ein Herz der Glückseligkeit willst.

Für einen wahren Sucher gibt es nur einen Weg, glücklich zu sein: indem er seinen geliebten Supreme erfreut.

Ekstase verspüren wir gewöhnlich in unserem höheren emotionalen oder erleuchteten Vitalbereich. Wonne ist etwas, das wir in unserem strebenden, hingebungsvollen Herzen fühlen. Wonne fühlen wir auch in unserem suchenden Verstand. Glückseligkeit ist etwas, das wir von den Fußsohlen bis zum Scheitel unseres Kopfes fühlen: Glückseligkeit wird vom gesamten Wesen erfahren. Glückseligkeit fühlen wir im ganzen Körper, wenn wir völlig hingegeben sind und wenn wir bedingungslos auf die Weisungen des Höchsten hören.

Ich bin nur zweimal glücklich:
Einmal, wenn ich mein liebendes Herz
meinem geliebten Supreme zu Füßen lege,
das andere Mal, wenn ich meinen flüchtigen Gedanken
befehle, Seinem Willen zu gehorchen.

*Von jetzt an
werde ich nur glücklich sein,
wenn ich für mein Recht eintrete:
vollständig Gott zu gehören, Gott allein.*

Wir können Frieden, Licht und Glückseligkeit in grenzenlosem Maße erwarten, wenn wir unser Dasein Gott, der Wahrheit, dem Licht darbringen können. Wenn wir in der Schule hart arbeiten, werden wir natürlich eine gute Note erwarten. Wie wir säen, so ernten wir. Wenn wir göttliche Samen säen, Samen des Strebens, dann werden wir unweigerlich früher oder später die reiche Ernte der Gottverwirklichung erhalten. Wenn wir unseren inneren Schrei darbringen können, wenn wir nach Frieden, Licht und Seligkeit schreien können, wird Gott unweigerlich kommen. Unser Schrei wird von Gott, dem Besitzer von unendlichem Frieden, unendlichem Licht und unendlicher Glückseligkeit, erfüllt werden.

*Suche nach der Quelle deines Lächelns.
Du wirst erkennen, dass die Quelle
Gottes eigener Strebsamkeitsschrei ist.*

Wer Weisheit, Licht und Glückseligkeit besitzt, wird sich nie im Unglücklichseins-Netz der Welt verfangen.

Wir müssen positive Gedanken, positive Ideen, positive Ideale hegen. Nur dann wird unser Ziel nicht länger in weiter Ferne bleiben. Jeder Mensch muss fühlen: "Ich bin zu Füßen Gottes, meines eigenen Meisters. Ich bin in den Händen Gottes, meines eigenen Schöpfers. Ich bin im Herzen Gottes, meines einzigen Geliebten."

Wie sehr möchte ich heute glücklich sein!
O meine Lebensenergie,
entmutige wenigstens einen Tag lang
nicht die anderen.
O mein Verstand,
hebe wenigstens einen Tag lang
nicht die negativen Kräfte in anderen hervor.

Ich schenke Gott,
was ich habe und was ich bin:
Unwissenheit.
Gott schenkt mir aus Seinem
unendlichen Mitleid heraus,
was Er hat und was Er ist:
Glückseligkeit in grenzenlosem Maße.

Nur in Glückseligkeit kann ein Strebender seinem innersten Selbst treu sein. Nur in Glückseligkeit kann er Gott fühlen und verstehen. Die Menschen sprechen vierundzwanzig Stunden am Tag über Gott, doch nicht eine flüchtige Sekunde lang fühlen, geschweige denn verstehen sie Ihn. Nur wenn das äußere Leben eines Menschen im Meer der Glückseligkeit seiner Seele schwimmen kann, wird er Gottes Gegenwart fühlen und Ihn in Seiner kosmischen Vision und absoluten Wirklichkeit verstehen.

Ich lerne gerade etwas äußerst Wichtiges
über Glückseligkeit:
Glückseligkeit ist die beispiellose transzendente Schönheit
von Gottes Zufriedenheitsherz.

Göttliche Selbsthingabe ist Glückseligkeit, immerwährende Glückseligkeit.

Die höchste Form der Wonne ist, sich selbst jeden Tag zum Gegenstand vollständiger Widmung und Hingabe zu machen. Wonne kommt, wenn "ich und mein" und "Du und Dein" uns endgültig verlassen. Nur wenn wir sagen können, dass Gott uns gehört und wir Gottes sind, kann Wonne kommen. Wir erhalten größere Wonne, wenn wir Gottes Offenbarung in und durch uns spüren. Und wenn wir letztendlich fühlen, dass wir existieren, um Gott allein zu gefallen, dass wir nur in die Welt kamen, um Gott allein zufriedenzustellen, dann dämmert die höchste Form von Wonne in unserem hingebungsvollen und hingegebenen Herzen.

Du strebst, um zu wachsen.
In der Tat,
dies ist eine glückliche Erfahrung.
Du suchst nach Wahrheit.
In der Tat,
dies ist eine glücklichere Erfahrung.
Du übergibst dein Erdendasein
dem Leben der Glückseligkeit.
In der Tat,
dies ist die glücklichste Erfahrung.

Freude allein hat die Fähigkeit, unseren Weg zur Gottverwirklichung zu verkürzen.

Du kannst deine Freude dauerhaft aufrechterhalten, wenn du fühlst, dass die Freude, die du erfährst, nicht dir selbst gehört. Sie kommt nicht, weil du etwas für dich, für Gott oder für die Menschheit getan hast. Nein! Du solltest sie als ein bedingungsloses Geschenk des Supreme betrachten. Als nächstes solltest du fühlen, dass die erfahrene Freude nichts anderes als der Supreme selbst ist. Der Supreme ist in Form von Freude zu dir gekommen. Und da das Höchste beständig und ewig in dir ist, ist auch deine Freude bleibend.

Weil dein Herz
an einen höheren Ort glaubt,
hat Gott deinem Leben
fröhlich einen freudigen Klang gewährt.

Ein freudiger Gottsucher
wird zweifellos Gott,
den verspielten Liebenden,
kennenlernen können.

Versuche zu fühlen, dass dir der Supreme nicht deshalb Freude gegeben hat, weil du etwas getan hast, sondern weil Er dich liebt. Die Freude ist nicht ein Ergebnis deines Tuns, sondern etwas, das der Supreme selbst dir geben will. Wenn du diese Freude erfährst, dann fühle, dass es nicht die Freude als solche ist, sondern der Supreme selbst, an dem du dich erfreust. Es ist nicht so, dass Er dir Freude geschickt hat und Er selbst dabei woanders ist. Nein, Er Selbst ist in Form von Freude zu dir gekommen. Wenn du diese Form des inneren Gewahrseins besitzt, wirst du fähig sein, deine Freude ständig aufrechtzuerhalten, denn Er, der als Freude zu dir gekommen ist, ist ewig und unendlich. Wenn du Ihn als unendliche Freude wahrnehmen und fühlen kannst, wird deine Freude beständig sein.

Möchtest du glücklich sein?
Dann betrachte Gottes Mitleidsauge.
Möchtest du, dass Gott glücklich ist?
Dann fühle Gottes Einsseinsherz.

*Gestern war ich glücklich,
weil ich treu meinem eigenen Stern
gefolgt bin. Heute bin ich glücklich,
weil ich mutig mein eigenes Leben lebe.
Morgen werde ich glücklich sein,
weil ich bedingungslos
auf meinen geliebten Supreme hören
und Ihn bedingungslos erfüllen werde.*

Ich kann meiner Seele helfen, öfter zu lächeln, indem ich ein bewusstes Instrument, ein hingebungsvolles und ergebenes Instrument von Gott, dem inneren Führer werde. Wie kann ich das tun? Wie kann ich ein hingebungsvolles Instrument werden? Indem ich mich daran erinnere, was ich früher einmal war und was ich jetzt bin. Das bedeutet nicht, dass ich ständig in meiner Vergangenheit graben werde. Ich werde nur versuchen, mir nur eine Sekunde lang in Erinnerung zu rufen versuchen, was ich vor zwanzig Jahren war und was ich geworden bin. Wer hat mich zu dem gemacht, was ich jetzt bin? Gott in meinem Inneren hat es durch meine Seele getan. Wenn ich das weiss, kommt von selbst Dankbarkeit zum Vorschein. Wenn ich Gott Dankbarkeit schenken kann, dann vergrößert Er die Kraft meines hingegebenen Dienstes, meiner Liebe, Ergebenheit und Selbsthingabe.

*O meine Seele, lächle!
Lachle noch einmal.
Dein Lächeln ist mein einziges Beruhigungsmittel
ohne Nebenwirkungen.
O meine Seele, lächle!*

So wie die Sonne das einzige Mittel
gegen dunkle Wolken am Himmel ist,
gibt es für unsere geplagten Herzen
keine andere Medizin
als spirituelles Streben.

Meine Freude ist mein fester Glaube an den Supreme. Im Gegensatz zu anderen, die keinen Glauben an den Supreme haben, denke und fühle ich nicht, dass ich stets Unrecht habe, dass ich bedeutungslos und nutzlos bin. Doch diejenigen, denen es an Glauben mangelt, fallen der Frustration zum Opfer. Für sie ist das Leben eine öde Wüste, Gott ein kolossaler Tagtraum und der Tod ein brüllender Löwe, der unmittelbar vor ihnen steht.

"Mein Herr, bist Du meiner Klagen
jemals überdrüssig?"
"Nein, das bin Ich nicht.
Überdrüssig bin Ich nur
deines ständigen Gefühls
des Unwürdigseins."

*Hier ist das Geheimnis
meines Glücklichseins:
Ich halte den Mund
meines kleinen Selbst geschlossen
und das Herz
meines großen Selbst offen.*

Sei glücklich. Beklage dich nicht. Wer beklagt sich? Der blinde Bettler in dir. Wenn du dich beklagst, tanzt du im Schlamm der Unwissenheit. Wenn du dich nicht beklagst, liegen dir alle Gegebenheiten der Welt zu Füßen, und Gott gibt dir einen neuen Namen: Strebsamkeit.

*Mein süßer, geliebter höchster Herr,
gib mir die Fähigkeit,
die Welt nicht mehr zu kritisieren.
Gib mir die Fähigkeit,
mich selbst jeden Tag zu bessern
und so innerlich, heimlich und geheiligt
zu versuchen, der Welt
für ihre Verbesserung zu dienen.*

Was kann Meditation erreichen? Sie kann den endgültigen Sieg des Leids aufhalten.

Wir können innere Wonne erfahren, wenn wir die innere Stille erlangen und die innere Führung erhalten können. Die innere Stille ist das Verebben zielloser Bewegungen und Gedankenwellen. Die äußere Stille ist das Schweigen der physischen Sinne. Die innere Führung ist wie die ständige und bewusste Führung eines Kindes durch die Mutter. Die äußere Führung ist wie die Führung eines Blinden durch einen anderen Blinden.

Das aufsteigende Gebet deines Verstandes
und die strahlende Meditation deines Herzens
können dich leicht retten.
Dein Leben braucht nicht
für immer
von hilfloser Hoffnungslosigkeit
gelähmt zu bleiben.

Wie dein Herz kannst auch du
nur glücklich sein,
wenn du Gott fragst,
wie die Dinge auf Seine eigene Weise
getan werden können.

Die innere Erfahrung von Wonne ist nie und kann nie das Geschenk eines Wunderautomaten sein. Die innere Erfahrung von Wonne ist ein Geschenk des natürlichen Selbst eines normalen Menschen. Die innere Erfahrung von Wonne beginnt im Selbstanerbieten und endet in der Gottwerdung.

Ich habe nur vier Aufgaben zu erfüllen:
Lächeln, Fliegen, Tauchen und Laufen.
Ich habe nur drei Aufgaben zu erfüllen:
Lächeln, Fliegen und Tauchen.
Ich habe nur zwei Aufgaben zu erfüllen:
Lächeln und Fliegen.
Ich habe nur eine Aufgabe zu erfüllen:
Lächeln.

*Betrachte deine Herzensblume
und lächle.
Du wirst deine dringendsten Probleme
lösen können!*

Ohne Wonne ist der Mensch eine äußerliche Oberflächlichkeit.
Mit Wonne ist der Mensch eine erfüllende innere und äußere
Wirklichkeit. Ohne Wonne ist der Mensch ein Lied der Frustration
und Zerstörung. Mit Wonne ist der Mensch ständige Erfüllung
und Vollkommenheit.

*O mein Sucherfreund,
dein immerwährendes Zweifelsdilemma wird fortdauern,
wenn du nicht Schutz suchst
im Herzen deines selbstgebenden Friedens.*

Du wirst nur glücklich sein,
wenn du weisst, dass du nicht bist,
was du zu sein scheinst:
ein lebloser Schrei
und ein seelenloses Lächeln.

Was du brauchst, ist göttliche Freude. Gott wird dir göttliche Freude geben, wenn du fühlen kannst, dass die ganze Welt ein Spielplatz ist, auf dem du spielen, singen und tanzen kannst. Auf Gottes Spielplatz singst und tanzt du, um Gott zu erfüllen und zu manifestieren. In diesem Tanz gibt es kein vitales Vergnügen und keine vitale Erregung; er ist der Ausdruck der individuellen Seele im Kosmos. Jede Seele trägt ihren Teil bei, um das Göttliche in der Gemeinschaft zu erfüllen.

Verändere dich innerlich,
uneingeschränkt.
Erfreue dich deiner selbst
bedingungslos -
heute, morgen und jeden Tag.

Willst du glücklich sein? Dann mach dein Leben so seelenvoll einfach wie schlafloses Atmen.

Wenn wir unsere Zeit missbrauchen, verwandeln sich die Nachwirkungen davon oft in Leid. Doch wenn wir tief nach innen gehen, erkennen wir, dass es kein Leiden als solches, sondern etwas anderes ist: Es ist eine Erfahrung. Wenn wir uns dessen bewusst sind, werden wir Teil der Erfahrung, die der innere Führer macht. Andernfalls haben wir vielleicht das Gefühl, dass Leiden etwas Auferlegtes sei, das wir aber nicht brauchen. Für einen Sucher nach der höchsten Wahrheit ist Leiden eine Erfahrung. Manchmal ist es eine notwendige Erfahrung, manchmal nicht. Es hängt davon ab, was wir getan oder welche Erfahrung wir unbewusst herausgefordert oder herbeigerufen haben. Die Erfahrung, die wir in unserem äußeren Leben sehen, ist ein unbewusster oder bewusster Ausdruck unserer inneren Reinigung.

*Du kannst leicht, wirkungsvoll und dauerhaft
glücklich sein,
wenn du glauben und fühlen kannst,
dass du vom transzendentalen Schönen kommst -
Gott,
und für das universell Fruchtbare bist -
Gott.*

Was ist Depression?
Eine starke, ungöttliche Kraft,
die den Lebensatem der Freude zerstört.

Freude ist eine Form von Vollkommenheit. Vollkommenheit und göttliche Freude, innere Freude, höchste Freude, sind untrennbar. Wenn du vollkommen bist, bist du voller Freude; und wenn du wirklich freudig, fröhlich, seelenvoll bist, wirst du von Natur aus vollkommen seien. Der spirituelle Ausdruck, den wir für Freude gebrauchen, ist Glückseligkeit. Da die höchste Quelle Glückseligkeit ist, ist Glückseligkeit natürlicherweise Vollkommenheit. Glückseligkeit und Vollkommenheit sind also immer untrennbar.

Du kannst glücklich sein,
wenn du nutzlosen Gedanken
Lebewohl sagst.
Tue es
und sieh, ob ich recht habe.

Du kannst glücklich sein,
wenn du deinem seelenlosen Verstand
Lebewohl sagst.
Versuche es
und sieh, ob ich recht habe.

Hege keine übertriebene Hoffnung.
Dein Herz wird zutiefst glücklich sein.
Nähre keinen bösartigen Zweifel.
Dein Verstand wird augenblicklich
glücklich sein.

Mein höchster Herr möchte nicht wissen, was ich für Ihn getan habe. Er möchte nur wissen, wie es mir geht. Wenn Er von mir hört, dass ich glücklich bin, dann wird Er selbst überaus glücklich sein. In unmissverständlichen Worten sagt Er mir, dass mein Glücklichsein Seine wirkliche und einzige Erfüllung ist.

Mein geliebter Supreme,
wie kann ich immerzu glücklich sein?
"Mein Kind,
entsage dem Verlangen,
weit und breit bekannt zu sein."

*Ziehe deinen Zweifel und
deine Verzweiflung
nicht in dein Strebsamkeitsleben,
wenn du je Gottes geweihter Botschafter
auf Erden werden willst.*

Willst du glücklich sein? Wenn ja, dann erobere dich selbst. Willst du noch glücklicher sein? Wenn ja, dann denke auch nicht im entferntesten daran, andere zu erobern. Willst du der glücklichste Mensch auf Erden sein? Wenn ja, dann bete seelenvoll zu Gott und meditiere still auf Gott, dich und jeden einzelnen Menschen in Seiner gesamten Schöpfung zu Seiner auserwählten Stunde zu erobern.

*Hunde erhalten Freude,
wenn sie bellen und beißen.
Menschen erhalten Freude,
wenn sie kämpfen und übertrumpfen.
Die Erde erhält Freude,
wenn sie ringt und leidet.
Der Himmel erhält Freude,
wenn er träumt und lächelt.
Sucher erhalten Freude,
wenn sie lieben und sich hingeben.
Gott erhält Freude,
wenn Er erleuchtet und erfüllt.*

*Sei stets mit dir zufrieden.
Gott wird dir regelmäßig Seinen
Segensstolz gewähren.*

In einer menschlichen Familie warst du nicht glücklich; deshalb suchst du nach einer göttlichen Familie. Eines ist klar: Dies ist die einzige Familie, in der immer Glücklichsein herrschen wird. Und die Mitglieder dieser Familie sind ein blühender Glaube, ein hingegebenes Leben und ein Gott erfreuendes Herz.

*Willst du glücklich sein?
Dann lasse es nicht zu,
von deinem unstrebsamen Herzen,
deiner unglücklichen Lebenskraft
und deinem Gott ignorierenden Körper
gefangen zu werden.*

Unsere scheidenden Freunde sind Angst und Sorge, Niederlage und Enttäuschung, Dunkelheit und Unwissenheit.

Angst und Sorge sind nur deshalb unsere Freunde, weil wir sie unbewusst hegen und pflegen. Es ist der Gipfel der Dummheit, aber wir hegen sie wirklich. Wir hegen sie, und deshalb sind sie unsere Freunde. Niederlage und Enttäuschung umgeben unsere scheidenden Freunde. Niederlage und Enttäuschung zerstören unser Wesen; dennoch hegen wir sie unbewusst. Dunkelheit umhüllt uns, Unwissenheit greift uns ständig an. Wir schwelgen in den Vergnügungen der Unwissenheit. Wir schätzen sie, wir nennen sie unsere Freunde, solange sie bei uns sind. Doch es kommt die Zeit, wo Dunkelheit und Unwissenheit verschwinden. Dank unseres eigenen Strebens oder unseres inneren Schreis befreien wir uns von diesen sogenannten inneren Freunden: Angst, Sorge, Niederlage, Enttäuschung, Dunkelheit und Unwissenheit. Unsere bleibenden Freunde sind Hoffnung, Entschlossenheit, eigene Anstrengung, Strebsamkeit und Verwirklichung.

Jetzt, da du dich wie früher
wieder ganz auf Gott verlässt,
wirst du unweigerlich
von neuem glücklich werden.

*Ich bin glücklich, wirklich glücklich,
nicht weil Gott mein ist,
sondern weil ich Gott gehöre,
Gott allein.*

Selbsttranszendenz bringt uns die Botschaft des Glücklichseins. Wir sind glücklich, wenn wir uns auf unsere eigene Weise erfüllen. Wenn wir uns jedoch auf Gottes eigene Weise erfüllen, sind wir noch unendlich viel glücklicher. Wir erfüllen unsere selbstauferlegte Pflicht und gewinnen daraus Freude. Doch es gibt auch eine von Gott auferlegte Pflicht. Wenn wir unsere von Gott gegebene Pflicht erfüllen, erhalten wir Freude in grenzenlosem Maße.

*Ich bin glücklich,
nicht weil ich
Gottes Gesicht gesehen habe,
nicht weil ich
Gottes Herz gefühlt habe,
sondern weil Gott
mit Seinem Schöpfungskind
glücklich ist.*

Du kannst die bedrückenden Lasten deines Lebens in entzückende Freuden verwandeln, indem du dir einfach sagst, dass die Welt um dich herum leicht ohne dich existieren und sogar gedeihen kann.

Manchmal werden wir sehr überheblich und stolz; wir werden vom Ego überrollt. Ein anderes Mal wiederum denken wir sehr schlecht von uns. Wir gehen von einem Extrem ins andere. In diesem Augenblick haben wir das Gefühl, dass wir die Welt mit unserer Egokraft niederreißen und wieder aufbauen können, und im nächsten Augenblick fühlen wir, dass wir zu energielos sind, um uns auch nur einen Zentimeter zu bewegen. Wir empfinden uns als hoffnungslos, als seien wir der nutzloseste Mensch auf Erden. Die Frustration bringt uns um. Im einen Augenblick trägt uns das Ego hoch wie ein Ballon hinauf, doch im nächsten Augenblick platzt er. Der Frustrationsdrache kommt und verschlingt uns auf der Stelle. Wir wollen aber nicht vom Ego-Ballon getragen werden, der schließlich platzen wird, und uns auch nicht vom Frustrationsdrachen verschlingen lassen. Was also sollen wir tun? Wir müssen unser Einssein, unsere innere Zuversicht und unsere innere Gewissheit vergrößern. Das sind die Dinge, die uns helfen werden, unser Ziel zu erreichen.

Gott hat die Fähigkeit,
dein gebrochenes Herz
wieder zusammenzufugen,
doch hast du
den Eifer und den Willen,
zu Gott zu kommen?

*Wenn du den Mut hast,
deinen Verstand von zahllosen Zweifeln
zu befreien, wird das
niemals erlöschende Licht
bald Freundschaft mit dir schließen.*

Ein Sucher lernt letztlich, dass das, was er einmal Leiden nannte, in Wirklichkeit kein Leiden ist; es ist nur eine Erfahrung. Es gibt einige Erfahrungen im Leben, die ihm helfen, in die eigene höchste Göttlichkeit zu wachsen. Er begeht einen Fehler, wenn er Leiden als ein Hindernis auf seinem Weg betrachtet und wenn er sich fragt, warum er durch alle möglichen Arten des Leidens hindurchgehen muss. Er sollte fühlen, dass es eine Erfahrung ist. Er sollte fühlen, dass das innere Wesen in ihm und durch ihn eine Erfahrung macht, entweder für die Reinigung seines äußeren Lebens oder für irgendeine innere Reinigung. Er sollte der Welt um sich herum zeigen, dass dies in seinem Leben etwas Notwendiges ist, und dass durch unsägliches Leiden hindurch schließlich Licht dämmern wird.

*Lächle, Menschheit, lächle!
Gott liebt dich nicht nur
ständig,
sondern braucht dich auch
uneingeschränkt.
Lächle, Menschheit, lächle!*

*Jetzt,
da du die Ketten des Endlichen
zerstört hast, wirst du auf dem Fluss
segeln können, der zum Glückseligkeits-
Meer der Unendlichkeit fließt.*

Leiden ist nicht die höchste und letzte Botschaft. Glücklichsein und Glückseligkeit sind die höchste und letzte Botschaft. Glückseligkeit ist unsere Quelle. Hier in der Weltarena ist uns begrenzte Freiheit geschenkt. Wenn wir diese begrenzte Freiheit missbrauchen, schaffen wir mehr Leiden, mehr Knechtschaft für uns selbst. Stattdessen können wir unsere begrenzte Freiheit auf göttliche Weise gebrauchen.

*Wenn du Verwandlungslicht willst,
dann bleibe immer
in Gottes innerem Kreis der Glückseligkeit.*

Wie kannst du glücklich sein, wenn du nicht täglich das Strebsamkeits-Leben deines Herzens prüfst und vervollkommnest?

Hoch, höher, am höchsten ist die Ebene der Glückseligkeit. Mit unserem erleuchteten Bewusstsein steigen wir zu dieser Ebene empor und tauchen ein in die Selbstverzückung. Nachdem wir die Gänge erhabener Stille und Trance durchschritten haben, werden wir eins mit dem Supreme.

*Aus Glückseligkeit kamen wir ins Dasein,
in Glückseligkeit wachsen wir.
Am Ende unserer Reise
kehren wir zur Glückseligkeit zurück.*

Willenskraft und Entschlossenheit

Wenn wir im gewöhnlichen menschlichen Leben zu etwas entschlossen sind, halten wir unsere Entschlossenheit vielleicht fünf Minuten lang aufrecht, und dann verschwindet all unsere Entschlossenheit. Wenn wir versuchen, Entschlossenheit aus eigener Kraft zu erlangen, wird sie nicht dauerhaft sein. Doch wenn wir einmal erfahren, was die Willenskraft der Seele ist, werden wir sehen, dass sie viele Jahre, ja sogar ein ganzes Leben lang andauert.

Zwischen Entschlossenheit und göttlicher Willenskraft besteht folgender Unterschied: Entschlossenheit ist im Verstand, göttliche Willenskraft ist in der Seele. Der Verstand ist äußerst begrenzt, daher ist mentale Entschlossenheit nicht von Dauer. Sie schwankt ständig. Mentale Entschlossenheit wird fortwährend zerstört, weil der Verstand jeden Augenblick unterschiedliche Ideen annimmt. Der Wille der Seele hingegen ist ewig während, ewig fortschreitend und ewig erfüllend, weil er eins ist mit dem Willen des Höchsten.

Pflege täglich
den diamantenen Willen
in den Tiefen deines Herzens,
damit du ohne Schwierigkeiten
all deine Probleme in der mentalen Welt
bewältigen kannst.

Ein Herz voller Entschlossenheit ist ein Kind von Gottes Errungenschafts-Lobpreisung.

Letztlich kommt Entschlossenheit von der Seele. Wenn wir diese Kraft auf der physischen, vitalen und mentalen Ebene - also auf der äußeren Ebene - gebrauchen, nennen wir sie Entschlossenheit. Wenn wir sie hingegen auf der inneren oder psychischen Ebene einsetzen, nennen wir sie Willenskraft, das Licht der Seele. "Willenskraft" ist der spirituelle Ausdruck, den wir für Entschlossenheit gebrauchen. Wir können zielgerichtete Entschlossenheit haben, wenn das Licht der Seele in die Lebenskraft eindringt. Diese zielgerichtete Entschlossenheit ist göttliche Entschlossenheit, wirkliche Willenskraft.

Geh´ immer einen Schritt weiter
als du dir vorgenommen hast.
Du kannst es
ganz gewiss.
Siehe, du hast es getan.

Die Sucher nach Wahrheit und Licht werden stets versuchen, freien Zugang zum Willen der Seele zu haben. Unsere Bemühungen können nur dann wirkungsvoll sein, wenn wir eine bewusste Anstrengung unternehmen, uns mit dem Willen unserer Seele und mit der Entschlossenheit unseres inneren Wesens zu identifizieren.

Göttliche Entschlossenheit kommt von allein, wenn wir auf das Herz meditieren, auf das Licht des Herzens. Jeder Sucher kann die Fähigkeit entwickeln, Licht hervorzubringen. Wenn wir auf irgendetwas anderes statt auf das Herz meditieren, kann unsere Entschlossenheit schwanken. Angenommen wir sind entschlossen, am nächsten Morgen um fünf Uhr aufzustehen. Am nächsten Tag schaffen wir es vielleicht mit größter Schwierigkeit, um fünf Uhr aufzustehen. Doch am Tag darauf vergessen wir ganz einfach, aus dem Bett zu steigen. Wir haben kein entschlossenes Versprechen abgelegt, und so stehen wir erst um acht Uhr oder um zehn Uhr auf. Warum? Weil wir unsere Batterie nicht aufgeladen haben. Wenn wir während unserer Meditation göttliches Licht von unserer Seele erhalten, und wenn wir aufrichtig zur Seele beten, uns um fünf Uhr zu wecken, dann wird unsere Seele sich freuen. Sie wird uns aufwecken. Die Seele kann die Verantwortung übernehmen, das Nötige an unserer Stelle zu tun.

Gepaart mit Gottes Mitleid
kann meine Entschlossenheit leicht
den Stolz der Unmöglichkeit
zerschmettern.

Wille bin ich selbst.
Wille ist mein Selbst. Mein Wille gehört
uneingeschränkt Gott,
Gott allein.

Göttliche Selbsthingabe kommt aus spiritueller Sicht von Willenskraft. Wenn wir einen diamantenen Willen besitzen, werden wir die Fähigkeit zur bedingungslosen Selbsthingabe erhalten. Wenn wir uns andererseits Gott bedingungslos hingeben können, werden wir die Fähigkeit erhalten, Willenskraft zu entwickeln. Innere Willenskraft, die das Licht der Seele ist, und Selbsthingabe, die das Einssein unseres Herzens mit dem Absoluten ist, gehören immer zusammen. Sie sind untrennbar.

Gott wird stolz auf dich sein,
wenn du dir selbst sagen kannst,
dass es so etwas wie Fehlschlag nicht gibt.
Gott wird dich
noch unendlich mehr lieben,
wenn du alle sogenannten Fehlschläge
als Erfahrungen annehmen kannst,
die Er selbst
in dir und durch dich macht.

*Kein Weg kann zu schwer
für dich sein, wenn du
die eine Gottesgabe besitzt:
Glauben an dich selbst.*

Eine Versuchung ist nichts anderes als eine Art Prüfung. Wenn wir diese Prüfung bestehen, werden wir eins mit Gott. Am Anfang wird Gott nur zusehen und beobachten. Wenn wir einerseits sagen, dass wir nicht mit der Unwissenheit zusammenbleiben möchten, es andererseits aber heimlich genießen, in irdischen Vergnügungen zu schwelgen, wird Gott einfach schweigen. Wenn Gott aber sieht, dass wir aufrichtig versuchen, die Prüfung zu bestehen, wird Er uns sofort die nötige Fähigkeit dazu geben.

*Was ist Versuchung?
Versuchung ist etwas,
das unbewusst dem Göttlichen in uns hilft,
das Menschliche in uns zu erobern.*

Jede Methode spiritueller Disziplin
wird zwei unvermeidliche
und unzertrennliche Flügel haben:
absolute Geduld und
feste Entschlossenheit.

Wer das spirituelle Leben aufgeben will, nur weil er keine großen Fortschritte erzielt oder weil er von Zeit zu Zeit fällt, begeht einen schrecklichen Fehler. Wenn du das spirituelle Leben bewusst wieder verlässt, nachdem du es angenommen hast, werden dich feindselige Kräfte erbarmungslos quälen, und die göttlichen Kräfte werden sich gleichgültig zeigen. Wenn du das spirituelle Leben nicht annimmst, wunderbar. Dann schlafe nur weiter; die Zeit zum Aufwachen ist für dich noch nicht gekommen. Doch wenn du bereits begonnen hast zu laufen und dich dann wieder schlafen legst, kommt sofort die Unwissenheit und umhüllt dich vollständig.

Gott wird nicht da sein, dich zu empfangen,
wenn du gehetzt
die Ziellinie deines Lebens erreichst.
Doch wenn du langsam, stetig und seelenvoll
die Ziellinie deines Lebens erreichst,
wird Er dich nicht nur empfangen,
sondern auch bekränzen und umarmen.

Wir müssen Selbstdisziplin üben, wenn wir ein Instrument Gottes werden möchten.

Wenn wir in das innere Leben tauchen wollen, wenn wir von der Seele geführt oder geformt werden wollen, dann müssen wir außerordentlich stark sein. Die Stärke, die wir benötigen, ist nicht so sehr physische Stärke, sondern die Stärke der Selbstdisziplin, die Stärke der Selbsterforschung, die Stärke des Selbstrückzugs vom Leben der Sinne, die Stärke der Selbstlosigkeit in der Welt des Gebens und der Selbsterfüllung in der Welt des Strebens und der Meditation.

*Spiritualität
ohne Schwierigkeiten
ist eine Absurdität.*

Misserfolg ist eine Erfahrung, die uns erweckt. Erfolg ist eine Erfahrung, die uns anspornt, um nach höherem und größerem Erfolg zu streben. Fortschritt ist eine Erfahrung, die uns erleuchtet und erfüllt.

Wenn uns im täglichen Leben etwas misslingt, glauben wir, die ganze Welt sei verloren. Es fällt uns äußerst schwer, unsere traurige Erfahrung zu vergessen. Wenn wir Erfolg haben, schwillt uns manchmal die Brust vor Stolz. Wir hegen diesen Stolz aufgrund unseres Egos. Ab und zu übertreiben wir maßlos mit unseren Errungenschaften. Manchmal möchten wir der Welt auch beweisen, dass wir etwas haben oder sind, wenn es genau genommen gar nicht wahr ist. Wir versuchen, anderen das Gefühl zu geben, dass wir etwas Außergewöhnliches sind, doch im Innersten unseres Herzens wissen wir, dass es nicht stimmt. Wenn uns Fortschritt am Herzen liegt, wollen wir nur sein, was Gott uns zu sein wünscht. Wir wollen keinerlei Anerkennung von der Welt. Wir wollen nicht, dass die Welt uns überschätzt oder unterschätzt; wir wollen nur, dass die Welt uns annimmt.

*Heute hast du es versucht
und bist gescheitert.
Doch morgen wirst du nicht scheitern,
weil du jetzt Gott bittest,
es für dich zu versuchen.*

Vertraue auf die Gnade des Höchsten.
Sich auf menschliche Fähigkeit
zu verlassen, ist Dummheit.
Wenn wir Erfolg haben, bezeichnen wir
es als unsere Fähigkeit, doch so etwas
wie menschliche Fähigkeit gibt es gar
nicht. Es ist nur das göttliche Mitleid,
das in und durch die menschliche
Fähigkeit arbeitet.
Alles ist Gnade von oben.

Einige Sucher denken: "Warum sollte ich mich noch selbst anstrengen, wenn ich mich um Gottes Gnade bemühe?" Doch sie irren sich. Persönliche Bemühung wird Gottes herabsteigender Gnade niemals im Wege stehen. Persönliche Bemühung beschleunigt das Herabkommen von Gottes Gnade. Gottes Gnade verneint persönliche Bemühung nicht. Natürlich kann uns Gott alles geben, was Er möchte, selbst ohne einen Funken eigener Anstrengung. Aber Gott sagt: "Um deines Stolzes willen bitte Ich dich, dieses bisschen persönlichen Einsatz zu leisten."

Wenn du den Versuch nicht wagst,
bedeutet das,
dass du ein Leben voller Gelegenheiten
vorsätzlich zugrunde richtest.

Ohne Willenskraft kein Erfolg.
Ohne Willenskraft kein Fortschritt.

Willenskraft ist eine ewig voranschreitende und sich selbst manifestierende Wirklichkeit im Universum. Wir Sterblichen finden es manchmal schwierig, unser Wollen von unserem Wünschen zu unterscheiden. Wir wollen unser Ziel durch entschlossene persönliche Bemühungen erlangen, unterstützt und geführt von Gottes liebender Gnade. Wann immer wir etwas erreichen wollen, bezahlen wir den Preis dafür. Wenn wir hingegen wünschen, etwas zu erreichen, bezahlen wir den Preis oft nicht; wir wünschen nur. Hier gibt es keine Bemühung, keine bewusste Anstrengung, und daher können wir kaum einen Erfolg erwarten.

Ein Mensch der Entschlossenheit
kann der Welt leicht beweisen,
dass er kein Sklave
des Unvollkommenheits-Monarchen ist.

*Wenn mein innerer Wille
mein äußeres Dasein stärkt, lösen sich
all meine unwägbaren Probleme
und quälenden Schmerzen
in Luft auf.*

Versuche, all deine Stärke, all deine Entschlossenheit und Willenskraft an einem bestimmten Ort zu fühlen - hier, im Innern deines Herzens. Fühle, dass du nur an diesem winzigen Ort existierst. Du hast keine Augen, du hast keine Nase, du hast überhaupt nichts. Intensität wird sich nur einstellen, wenn du fühlst, dass deine gesamte Existenz an einem einzigen, bestimmten Ort konzentrierst und nicht zerstreut ist.

*Deine seelenvoll geduldigen
Durchhaltetränen
werden unweigerlich
Gottes erhabenes Lächeln gewinnen.*

Obwohl Regelmäßigkeit in der spirituellen Übung mechanisch erscheinen mag, ist sie doch ein ständiger Segen von oben und zeigt die Entwicklung einer gewissen inneren Stärke.

Selbstdisziplin ist in unserem spirituellen Leben besonders wichtig. Sogar im gewöhnlichen Leben ist sie notwendig. Wenn ein Schüler keine Disziplin besitzt, wird er es in der Schule schwer haben. Ebenso wird für jemanden, der im spirituellen Leben keine Disziplin besitzt, Gottverwirklichung in weiter Ferne bleiben.

Müdigkeit
ist ein anderer Name für Faulheit.
Bereitschaft
ist ein anderer Name für Fülle.

*Innere und äußere Hindernisse
stellen sich uns in den Weg.
Trotzdem werde ich wie ein Drache
unfehlbar gegen den Wind aufsteigen.*

Wie können wir uns disziplinieren? Durch Konzentration auf die Dinge, die wir in unserem Leben am meisten wollen. Es gibt auf der Erde sehr wenige Dinge, von denen wir fühlen sollten, dass wir sie wirklich brauchen, doch unglücklicherweise fühlen wir uns zu allem und jedem um uns herum hingezogen. Die Dinge, die wir schätzen müssen, sind Wahrheit, Licht, Frieden und Seligkeit. Wenn wir uns auf Wahrheit konzentrieren, auf innere Wahrheit, dann wird Wahrheit in uns zum Vorschein kommen. Wahrheit kann in Form von göttlichem Frieden, göttlichem Licht oder göttlicher Kraft zu uns kommen, doch wenn wir uns aufrichtig auf die innere Wahrheit konzentrieren, wird Wahrheit von selbst und spontan zu uns kommen.

*Nur einen Wettkampf
schätze, bewundere und verehre ich,
und dieser Wettkampf ist
mein tägliches Überschreiten meiner selbst
auf Gottes eigene Weise.*

Willenskraft
erreicht das Ziel nicht deshalb,
weil sie ein diamantenes Herz besitzt,
sondern weil sie ein erleuchtendes und
erfüllendes Ziel grenzenlos liebt.

Wenn du im Augenblick noch die Notwendigkeit verspürst, Tausende und Abertausende Dinge vom Leben erhalten zu müssen, dann versuche, deine Bedürfnisse zu verringern. Du wirst sehen, dass sich dein Leben von selbst diszipliniert, indem du deine Bedürfnisse verringerst. Wenn du deine Aufmerksamkeit nicht zahllosen Äußerlichkeiten schenkst, wirst du erkennen, dass die Wahrheit dir geradewegs ins Gesicht blickt und dir die Kraft gibt, dein Leben zu disziplinieren.

Für einen vollkommenen Gottliebenden
ist ein Leben der Versuchung
eine völlig fremde Sprache.

Wie kann man Verzweiflung besiegen?
Verlange nie nach äußerem Trost.
Verlange nach innerem Mitleid.
Inneres Mitleid ist die Flut des Lichtes.
Es ist ebenso die Flut der
Verwirklichung der Vollkommenheit.

Der beste Weg, sich selbst zu disziplinieren, besteht darin, nur den Dingen Aufmerksamkeit zu schenken, die wirklich notwendig sind, die im inneren Leben von Bedeutung sind. Im äußeren Leben verlangen wir nach Ruhm, Anerkennung und vielen anderen Dingen, und sofort werden wir von Sorgen, Ängsten und Furcht umzingelt. Doch im inneren Leben verlangen wir nur nach Gottes Anteilnahme und Gottes Mitleid. Wenn wir versuchen, Gottes Anteilnahme und Gottes Mitleid zu fühlen, werden wir sehen, dass in unser Leben Disziplin eintritt.

Gib nicht auf!
Wenn du durchhältst,
wird der Friede von morgen kommen
und heute deinen Verstand nähren,
und die Vollkommenheit von morgen wird kommen
und heute dein Leben berühren.

*Es gibt nur einen Weg,
deine Emotionen zu beherrschen:
Indem du der bewusste Ausdruck deiner
ausdrücklichen Willenskraft wirst.*

Unglücklicherweise leben wir in einer Zeit, in der Selbstbeherrschung nicht geschätzt wird. Sie ist zu einer Zielscheibe des Spotts geworden. Jemand mag hart an seiner Selbstbeherrschung arbeiten, während seine Freunde, Nachbarn, Verwandten, Bekannten und der Rest der Welt sich über ihn lustig machen. Sie sehen keinen Grund für seinen aufrichtigen Versuch, sein Leben zu meistern. Sie sind überzeugt, dass die unbeherrschte Art ihrer eigenen Lebensweise weitaus lohnender ist, und dass der Mensch, der versucht, sein Leben zu meistern, ein Dummkopf ist, der seine Zeit verschwendet und all seine Freude aufgibt.

*Tadle nicht Gott!
Verlange mehr von dir selbst.
Tadle nicht dich selbst!
Erwarte weniger von anderen.*

Meine Zweifel zu besiegen bedeutet,
in den Atem
meines Willens zu wachsen.

Wer ist der Dumme: derjenige, der sein Leben beherrschen möchte, oder derjenige, der ein ständiges Opfer von Furcht, Zweifel und Ängsten bleiben will? Selbstverständlich ist derjenige, der sich selbst erobern möchte, nicht nur der weiseste Mensch, sondern auch der größte göttliche Held, der göttliche Krieger. Er kämpft auf dem Schlachtfeld des Lebens gegen die Unwissenheit, um das Königreich des Himmels hier auf der Erde zu errichten.

Enthusiasmus
regiert seine innere Welt.
Entschlossenheit
regiert seine äußere Welt.
Deshalb
ist Glücklichsein
zu seinem wahren Namen geworden.

*Willenskraft gibt mir die Inspiration
und die Kraft,
in die Unmittelbarkeit des ewigen Jetzt
zu wachsen.*

In deinem spirituellen Leben versuchst du, dein niederes Vitales zu überwinden. Entweder heute oder morgen, in der nahen oder fernen Zukunft wirst du dein niederes Vitales unweigerlich besiegen. Wenn dich aber im Verlauf deiner Selbstumwandlung die Leute nicht verstehen und dein reines Leben nicht schätzen, so schenke ihrer Kritik und ihrem Spott bitte keine Beachtung. Es ist kein Unglück, wenn sie deine Aufrichtigkeit, deinen Versuch und deinen Erfolg in der Beherrschung deines Lebens nicht anerkennen. Wenn du ihre Anerkennung und ihre Bewunderung deiner Bemühung suchst, wirst du nur unnötigerweise ihre Kritik, ihren Spott, ihre Zweifel und ihre Versuchungen in dein Leben hineintragen.

*Weil du kraftvoll bist,
kann dich nichts entmutigen.
Weil du voller Glauben bist,
kann dich niemand besiegen.*

Wer zaudert, kann kein wahres Mitglied der Gotterfüllungs-Familie Gottes sein.

Entschlossenheit ist von überragender Wichtigkeit. Jedesmal, wenn wir entschlossen sind, beschleunigen wir unsere Reise. Mit Entschlossenheit marschieren wir auf dem Schlachtfeld des Lebens und sehr schnell unserem vorausbestimmten Ziel entgegen.

Auch eigene Anstrengung ist von überragender Wichtigkeit. Solange wir nicht der Welt geben, was wir haben und was wir sind, können wir nicht in die allausdehnende und allumfassende Wirklichkeit wachsen, die Wirklichkeit, die wir das universelle Bewusstsein der transzendentalen Höhe nennen. Eigene Anstrengung gründet auf dem bedingungslosen Mitleid des Supreme. Was wir Anstrengung nennen, ist in Wirklichkeit ein Resultat der Gnade des Supreme, die unablässig auf unser ergebenes Haupt und unser hingegebenes Herz herabregnet.

Wenn du willst, kannst du zuschauen,
wie die Sonne über deinen
gestrigen Fehlschlägen untergeht.
Doch du musst zuschauen,
wie die Sonne über deinen
heutigen entschlossenen Bemühungen
aufgeht.

Ein Heldensucher ergibt sich niemals
seinem Verzweiflungsschicksal.
Er hat die innere Botschaft vernommen,
dass er auf dem Schlachtfeld des Lebens
letztendlich siegen wird.

Wir müssen wissen, dass wir unseren schlechten Gedanken mit unserer Willenskraft sofort Einhalt gebieten können, wenn unser Bewusstsein einmal niedrig ist. Wenn wir gute Gedanken haben, können wir sie mit unserer Willenskraft stärken. Willenskraft kann leicht unsere schlechten Gedanken zerstören und die falschen Kräfte in uns zurückweisen. Ebenso können wir mit Willenskraft die Kraft unserer guten Gedanken verstärken und unsere guten Eigenschaften vermehren. Wenn wir unsere Willenskraft also richtig gebrauchen, können wir in unserem Leben Wunder über Wunder vollbringen.

Ich werde die Welt tolerieren -
ja, ich werde sie tolerieren.
Nur indem ich die Welt toleriere,
werde ich fähig sein,
meinem Verstand beim Emporsteigen
und meinem Herzen beim Transzendieren
zu helfen.

Menschliche Willenskraft
ist wie ein Seil aus Sand:
es kann jeden Augenblick reißen.
Göttliche Willenskraft
ist die strebende Menschheit in uns,
die sich zum allerfüllenden Jenseits
hin entwickelt.

Mit Willenskraft verwirklichen wir Gott. Mit Entschlossenheit
können wir vielleicht einen Wettlauf gewinnen. Entschlossenheit
kommt vom Vitalbereich oder vom Verstand; Willenskraft kommt
vom zentralen Wesen. Willenskraft ist unendlich viel mächtiger
als Entschlossenheit. Wenn du deine Entschlossenheit benutzt,
kann unmittelbar Frustration folgen. Doch wenn du Willenskraft
gebrauchst, wirst du überall um diese Willenskraft und in dieser
Willenskraft Gottes Mitleid sehen.

Beginne stets von neuem,
wenn du wirklich
Gottes Zufriedenheitsherz gewinnen willst.

*Was mein innerer Wille in der
äußeren Welt der Verwirklichung ist,
ist mein äußeres Leben
in der Welt der Manifestation.*

Der beste Weg, Willenskraft zu entwickeln, ist durch Einssein mit Gottes Willen. Es können sich täglich viele unangenehme Dinge in deinem Leben ereignen. Wenn du sie fröhlich annehmen kannst, kannst du deine Willenskraft vergrößern. Du kannst deine Willenskraft ebenso vergrößern, indem du von den Resultaten deiner Handlungen unberührt bleibst. Versuche stets, die positive Seite der Dinge zu sehen. Wenn du stets diese fröhliche Haltung einnehmen kannst, wirst du Willenskraft entwickeln.

*Denke nicht,
dass du es nicht tun kannst.
Denke einfach, dass Gott
es ganz gewiss tun wird
in dir, für dich.*

*Sobald du ein Problem
überwunden hast, wirst du feststellen,
dass es sich auf einer höheren und
subtileren Ebene wiederholt.
Es ist dieselbe grundlegende Schwäche
in dir, der du in einer verfeinerten Form
gegenübertreten musst.*

Warum solltest du Niederlagen - oder nennen wir es ein Leben
der Fehlschläge - hinnehmen? Nein, du kannst disziplinierter,
aktiver, dynamischer, aufrichtiger sein, um dein Ziel zu erreichen.
Und das Ziel von heute wirst du morgen transzendieren. Du
brauchst deine begrenzten Fähigkeiten oder Unfähigkeiten nicht
einfach hinzunehmen. Dein Schicksal hinzunehmen bedeutet,
dass du keine Inspiration und kein Streben hast. Dann wirst du
ein vollkommener Freund der Lethargie werden.

*Nimm Misserfolg nicht hin!
Wenn du Misserfolg hinnimmst,
erniedrigst du dich
in deiner eigenen Selbstachtung.
Eine solche Tat
ist unbewusster Selbstmord.*

*Wir werden nicht versagen.
Dank unseres inneren Schreis,
dank unserer inneren emporsteigenden
Flamme werden wir erfolgreich sein.*

Die Eigenschaft, die wir im täglichen Leben Entschlossenheit nennen, heißt in der inneren oder spirituellen Welt Willenskraft. Echte Willenskraft kommt aus den innersten Winkeln unseres Herzens, wo unsere Seele wohnt. Willenskraft ist kein Produkt des physischen Verstandes; sie kommt direkt von der Seele. Das Licht der Seele wirkt in unserem äußeren Leben als Willenskraft, um auf der Erde etwas zu erreichen oder zu offenbaren. Und diese Willenskraft der Seele ist voll göttlicher Demut, die unmittelbar vom Supreme kommt.

*Wohlergehen
hat mein Herz schön gemacht.
Widerstände
machen mein Leben stark.*

Der Unterschied zwischen Gedanke und Wille ist folgender: der Gedanke erwägt zögernd, der Wille wagt sofort.

Was kann Willenskraft bewirken? Willenskraft kann all unsere Verwirrung beseitigen - Verwirrung im Physischen, im Vitalen, im Verstand und im Herzen. Wie kommt es, dass nicht jeder Gott verwirklicht hat? Es gibt nur einen Grund. Dieser Grund ist Verwirrung, entweder im Verstand, im Vitalen, im Physischen oder in unserer inneren Existenz. In dem Augenblick, in dem dieser Schleier der Verwirrung entfernt wird, sehen wir das goldene Gesicht des Supreme in uns.

Glücklicherweise
wird sich der auffällig unfähige Mensch
der Gedanken von heute
dem erstaunlich fähigen Menschen
der Willenskraft von morgen
ergeben.

Ein Mensch voller Willenskraft trotzt allen Stürmen und Unwettern des Lebens.

Was kann Willenskraft sonst noch tun? Diese Willenskraft, die das Licht der Seele ist, kann auf der Stelle in die Wirklichkeit eintreten. Wir klopfen mit unserer Aufrichtigkeit, unserer Reinheit, unserer Strebsamkeit und unserer Hingabe an die Tür der Wirklichkeit, doch es kann einige Tage oder Monate dauern, bis sich diese Tür tatsächlich für uns öffnet. Doch wenn göttliche Entschlossenheit, göttliche Willenskraft an die Tür der Wirklichkeit klopft, öffnet sich die Tür sofort weit.

Du hast es versucht.
Es ist dir nicht gelungen.
Das bedeutet nicht,
dass du es nicht weiter versuchen wirst.

Versuch es noch einmal!
Du wirst nicht nur im Leben, das sein wird,
Erfolg haben,
sondern auch im Leben, das ewig ist,
voranschreiten.

*Wenn mein innerer Wille mein
äußeres Dasein stärkt,
lösen sich all meine unwägbaren Nöte
und quälenden Schmerzen
in Nichts auf.*

Sobald du einmal Willenskraft gebrauchst, und sei es nur für zwei oder fünf Minuten, erhältst du ungeheures Mitleid, grenzenloses Mitleid von oben, und dieses Mitleid ist nichts anderes als Licht, göttliches Licht. Auf der physischen, vitalen und mentalen Ebene gebrauchen wir Entschlossenheit. Auf der inneren, psychischen Ebene, der Ebene der Seele, verwenden wir Willenskraft.

*Tue wenigstens einmal etwas Gutes
in diesem Leben,
anstatt nur
eine Enzyklopädie guter Absichten
zu werden.*

Aufrichtigkeit
ohne die feurige Entschlossenheit
zur Selbstverbesserung
ist nur eine schöne Blume
ohne jeglichen Duft.

Ein aufrichtiger Sucher muss jederzeit äußerst wachsam sein, denn die Kräfte des niederen Vitalen können ihn leicht überfallen. Bis zur Gottverwirklichung kann er jederzeit in Versuchung geführt werden und schnell vom Pfad der Wahrheit und des Lichts abkommen. Das Wesen der äußeren Welt ist Versuchung. Um die Versuchung zu überwinden, muss der Sucher ständig wachsam sein und immer auf die Weisungen des inneren Willens hören und nicht auf die Ratschläge der äußeren Welt.

Lass dich nicht auf Kämpfe ein!
Dein höchstes und einziges Ziel
ist Frieden in der Freude
und Freude im Frieden.
Lass dich nicht auf Kämpfe ein!

Widrigkeiten machen dich dynamisch.
Widrigkeiten zwingen dich, deine Augen
weit offen zu halten. Widrigkeiten
lehren dich die Bedeutung der Geduld.
Widrigkeiten schenken dir Vertrauen
in dich selbst. Widrigkeiten öffnen die
geheime Tür, durch welche du
die höchste zukünftige Erfüllung von
Gottes Willen sehen kannst.

Es gibt keinen Unterschied zwischen der Willenskraft der Seele
und der bedingungslosen Selbsthingabe an den Willen des Supreme. Beide sind gleich stark. Wenn sich jemand bedingungslos dem Willen des Höchsten hingeben kann, so ist dies das Resultat der eigenen, inneren Willenskraft, des Lichts der Seele.

*Ein diszipliniertes Leben
ist ein bevorzugtes Instrument
Gottes.*

*Misserfolg weist auf unseren Mangel
an eiserner Entschlossenheit hin.
Erfolg weist auf unsere gewaltige
Konzentrationskraft hin.
Fortschritt weist auf die Krone von
Gottes Willen in uns und für uns hin.*

Wenn du es schwierig findest, dich für etwas zu disziplinieren, dann halte dir das Ergebnis vor Augen. Wenn du den Baum hinaufkletterst, wirst du die köstlichsten Früchte erhalten. Wenn du nicht hinaufkletterst, wirst du auch keine Früchte erhalten. Wer diszipliniert ist, kann hinaufklettern, die köstlichste Mango pflücken und dann nach Herzenslust essen. Du kannst das ebenso. Wenn du hinaufkletterst und die Frucht pflückst, erhältst du höchste Erfüllung. Du kannst dich leicht disziplinieren, indem du an die Erfüllung denkst. Es gibt keinen anderen Weg.

*Diszipliniere dich, diszipliniere dich!
Dein diszipliniertes Leben
wird deine Fähigkeiten verherrlichen
und Gottes Vertrauen in dich vervielfachen.
Diszipliniere dich, diszipliniere dich!*

Verliere keine Zeit!
Du musst deine Ziele so schnell wie möglich erreichen, bevor dein Leben dahinschwindet.

Wie schwach unsere Willenskraft im Vergleich zu Gottes diamantener Willenskraft auch sein mag, die menschliche Willenskraft wird sagen: "Gott, ich bin bereit, Dich zu erfüllen. Bitte sage mir, was ich tun soll. Ich will Dein Instrument sein. Ich will Dein dynamischer Held und Krieger sein. Meine Kraft mag begrenzt sein, doch diese begrenzte Kraft bin ich bereit zu gebrauchen. Willst Du auf meinen Schultern sitzen? Dann tu es. Willst Du, dass ich für Dich laufe? Dann werde ich laufen. Wenn Du mir etwas zu tun geben willst, werde ich es tun. Selbst wenn ich mir unterwegs beide Beine breche - ich werde mein Bestes für Dich tun." Diese Entschlossenheit, diese Willenskraft fürchtet sich niemals davor, etwas zu tun oder zu sagen. Sie weiß, dass ihre Stärke der Seele entspringt, und die Seele besitzt Gott als ganz ihr eigen.

Gib nicht auf!
Es geschieht so oft,
dass der letzte Schlüssel die Tür öffnet.
Genauso kann es sein,
dass dein letztes Gebet
dir Erlösung gewährt,
und deine letzte Meditation
dir Verwirklichung schenkt.

April

Reinheit ist meine verborgene Göttlichkeit.

Wie können wir rein sein? Wir können durch Selbstbeherrschung rein sein. Wir können unsere Sinne unter Kontrolle haben. Es ist unglaublich schwierig, aber es ist nicht unmöglich. Der hungrige Löwe, der in unseren Sinnen lebt, und der hungrige Tiger, der in unseren Leidenschaften lebt, werden uns nicht verlassen durch das bloße Wiederholen des Gedankens: "Ich werde meine Sinne beherrschen und meine Leidenschaften besiegen." Dieser Weg wird zu nichts führen. Auch ist es nicht ratsam, stets an unsere Unreinheit zu denken und darüber zu brüten. Wenn wir auf die positive Seite, das heisst, auf Licht meditieren, wird Licht in unser Inneres herabkommen.

Wir müssen unseren Verstand fest auf Gott richten. Zu unserem größten Erstaunen werden uns der Löwe und der Tiger der Unreinheit, die jetzt beide gezähmt sind, aus eigenem Antrieb verlassen. Unseren Körper, unseren Verstand und unser Herz auf das Göttliche auszurichten, ist der richtige Weg. Je näher wir dem Licht sind, desto weiter sind wir von der Dunkelheit entfernt.

Deine süßesten Träume
gründen
auf dem Einsseinsherzen der Reinheit.

Betrachte das Wunder eines Tropfens
Gift und eines Tropfens Reinheit!
Der eine Tropfen vergiftet das Blut
in deinen Adern. Der andere Tropfen
läutert die menschliche Seele
in deinem Körper.

Reinheit kommt nicht auf einmal. Es braucht Zeit. Wir müssen
tief nach innen tauchen und uns vertrauensvoll in der Kontemplation über Gott verlieren. Wir brauchen nicht zur Reinheit zu
gehen. Die Reinheit wird zu uns kommen. Und Reinheit kommt
nicht alleine. Sie bringt ewig währende Freude mit sich. Diese
göttliche Freude ist der einzige Sinn unseres Lebens. Nur wenn
wir diese innere Freude besitzen, enthüllt sich Gott vollständig
und offenbart sich uneingeschränkt.

Lade durch die Kraft deiner Aufrichtigkeit
das Leben der Reinheit ein.
Lade durch die Kraft deines Reinheitslebens
den Atem der Göttlichkeit ein.

*Der Atem der Reinheit ist das Feld.
Die Versicherung der Göttlichkeit
ist der Pflug.
Das unsterbliche Lächeln
der Unsterblichkeit ist der Bauer.*

Du musst nach Reinheit im Grobphysischen streben. Es ist das Physische in dir, das eine radikale Umwandlung benötigt, und dafür brauchst du physische Reinheit. Reinheit kann im Physischen nur errichtet werden, indem man Licht von oben ins physische und niedere vitale Bewusstsein herabbringt, besonders in die Region unterhalb des Nabelzentrums. Wie kannst du das tun? Durch ständiges erhebendes Beten und anhaltendes inneres Sehnen nach Licht. Licht und Dunkelheit können nicht zusammenbleiben; es ist unmöglich. Genauso können auch Reinheit und Unreinheit nicht zusammenbleiben. Du solltest auf das transzendentale Licht meditieren. Wenn Licht in deinen emotionalen Vitalbereich und in deinen physischen Körper herabkommt, wird es von allein und spontan die bewussten und unbewussten oder niederen Welten in dir reinigen.

*Ein Herz der Reinheit
hat immer die Fähigkeit,
wie die schneeweißen
und blaugoldenen Gipfel
des Strebsamkeitsberges
zu strahlen.*

Wenn du tagsüber reine Gedanken hegst, wirst du nachts mit der Anwesenheit von Engeln gesegnet sein.

In unserem täglichen Leben treffen wir oft auf Leute und Orte, die sehr unrein sind. Wenn ein spiritueller Mensch die Straße entlanggeht, kann er an einem bestimmten Ort große Unreinheit wahrnehmen, an dem ein gewöhnlicher Mensch vielleicht überhaupt nichts bemerken würde. Man kann leicht von der Unreinheit anderer Menschen angegriffen werden. Die einzige Möglichkeit, dies zu verhindern, ist, uns mit der Kraft der Seele aufzuladen. Die Kraft der Seele ist immer wachsam und kann uns leicht zu Hilfe eilen.

O Reinheit,
allein durch den
Klang deines Namens
wird alles geschwächt,
was mich angreift,
und meine eigenen guten Eigenschaften
kommen zum Vorschein.

Wenn wir rein sind, können wir göttlichen Frieden, göttliches Licht, göttliche Glückseligkeit und göttliche Kraft in reichlichem Maße empfangen. Wenn wir unsere Reinheit aufrechterhalten können, können Friede, Freude, Licht, Glückseligkeit und Kraft auf der Erde erwachen.

Reinheit ist das Licht unserer Seele, die ihre Göttlichkeit durch den Körper, das Vitale und den Verstand ausdrückt. Wenn wir rein sind, erreichen wir alles. Wenn wir unsere Reinheit bewahren können, werden wir nie etwas Bedeutsames verlieren. Heute mögen wir großartige Gedanken oder große innere Kraft besitzen, doch wenn wir nicht rein sind, werden wir sie morgen unweigerlich wieder verlieren. Reinheit ist der Atem des Supreme. Wenn Reinheit uns verlässt, verlässt uns auch der Atem des Supreme, und wir bleiben mit unserem bloßen menschlichen Atem zurück.

Indem ich Gottes Namen singe,
reinige ich meinen Körper.
Indem ich Gott diene,
reinige ich mein Vitales.
Indem ich meinen Kopf für Gott leere,
reinige ich meinen Verstand.
Indem ich auf Gottes Mitleidsliebe meditiere,
reinige ich mein Herz.

*Lass mich nicht einen Funken Reinheit
meines Ergebenheitsherzens verlieren,
denn Reinheit ist der sicherste und
kürzeste Weg, mein letztes Ziel,
das vollständige Einssein mit meinem
erhabenen Herrn zu erreichen.*

Reinheit ist wie ein göttlicher Magnet. Sie zieht alle göttlichen Eigenschaften in uns hinein. Wenn wir Reinheit besitzen, ist die Welt stolz auf uns. Wenn Mutter Erde auch nur eine einzige reine Seele beherbergt, kennt ihre Freude keine Grenzen. Sie sagt: "Hier ist endlich eine Seele, auf die ich mich verlassen kann."

*Vereinfache dein Leben,
reinige dein Herz,
vervielfache deine Gottesliebe.
Siehe, Gott nennt dich
ganz Sein eigen.*

Lasst uns rein sein, und wir werden augenblicklich erfahren, dass wir nur unserem geliebten Supreme gehören, auf immer und ewig.

Wenn ihr mehr Reinheit haben wollt, könnt ihr folgende Übung durchführen, die äußerst wirksam ist. Ihr kennt alle die Bedeutung von "Aum", dem Namen Gottes. Beginnt damit, diesen heiligen Namen am Sonntag einhundert Mal zu wiederholen, am Montag zweihundert Mal, am Dienstag dreihundert Mal, am Mittwoch vierhundert Mal, am Donnerstag fünfhundert Mal, am Freitag sechshundert Mal und am Samstag siebenhundert Mal. Am darauffolgenden Sonntag geht wieder auf sechshundert zurück, am Montag auf fünfhundert und so weiter, auf vierhundert, dreihundert, zweihundert, einhundert. Wenn ihr überall in und um euch herum Reinheit errichten wollt, so ist dies die wirksamste spirituelle Übung.

Die Göttlichkeit
eines Reinheitsherzens
muss stets gesucht
und herbeigerufen werden.

Ein Reinheitsherz ist der Urheber unseres blühenden Glaubens.

Gebet ist Reinheit. Es reinigt unsere Gedanken. Der Verstand ist ein ständiges Opfer von Zweifel, Furcht, Sorge und Angst. Er wird beständig von falschen Gedanken, falschen Regungen angegriffen. Wenn wir beten, erfährt unser Denken Reinigung. Reinheit vergrößert unsere Empfänglichkeit für Gott. In Wahrheit ist Reinheit nichts anderes als Empfänglichkeit für Gott.

Jeder unreine Gedanke
ist in der inneren Welt
für seine Niederträchtigkeit berühmt
und wird vom diamantenen Willen der Reinheit
unverzüglich
in die unerbittliche Verbannung geschickt.

Wo das Leben rein ist, sind Inspiration und Strebsamkeit ebenfalls rein.

Äußere Sauberkeit kann für die innere Reinheit eine große Hilfe und Unterstützung sein. Wenn wir uns duschen und saubere, frische Kleidung anziehen, sind die Dinge, mit denen wir uns umgeben, bereits rein und göttlich. Dann wird es uns leichter fallen, die ungöttlichen, feindlichen, niederen vitalen Kräfte davon abzuhalten, in uns einzudringen, und unseren Verstand und unser Vitales rein und göttlich zu erhalten.

Mein Herr,
Du hast mir die Fähigkeit gegeben
zu schreien.
Mein Herr,
Du hast mir die Fähigkeit gegeben
zu lächeln.
Bitte gib mir jetzt noch die Fähigkeit,
Reinheit in meinem Schrei
und Schönheit in meinem Lächeln zu haben.

Durch seine Reinheit kann der Sucher beträchtlichen Fortschritt machen. Sein Herz ist rein, seine ganze Existenz ist rein; deshalb kann er auf die erfüllendste Weise voranschreiten.

Ohne Reinheit werden wir in unserem spirituellen Leben nichts Wesentliches erreichen können, und das wenige, das wir erreichen, werden wir nicht aufrechterhalten können. Wenn wir jedoch Reinheit besitzen, können wir alle göttlichen Eigenschaften in grenzenlosem Maße erlangen. Wenn wir grenzenlose Reinheit besitzen, können unsere Errungenschaften ewig währen. Doch solange wir nicht solide Reinheit in grenzenlosem Maße in uns verankert haben, wird Gottverwirklichung ein fernes Ziel bleiben.

*Wenn du dich täglich
vor dem Reinheitsaltar deines Herzens verbeugst,
wird dein Leben
von Gottes Visionssternen
überflutet sein.*

Wenn du Führung suchst, dann schaue mit einem reinen Herzen nach oben. Wenn du Führung suchst, dann schaue mit einem zweifelsfreien Verstand nach innen.

Wie werden wir rein? Ein Weg, Reinheit zu erlangen, besteht darin, die Gesellschaft von spirituellen Menschen, reinen Menschen zu suchen. Von ihnen werden wir Inspiration und Führung erhalten. Eine andere Möglichkeit ist, uns bewusst als Kinder, als göttliche Kinder zu betrachten. Wenn wir uns als göttliche Kinder betrachten, wissen wir, dass jemand für uns sorgt. Und wer ist das? Es ist unser göttlicher Elternteil. Ein Kind kennt kein Gefühl von Unreinheit. Es ist immer rein. Wenn wir ständig fühlen können, dass wir göttliche Kinder sind, wird unser Gefühl der Unreinheit verschwinden, und unsere Seele wird uns spontan sagen, was das Beste für uns ist. Und diese Botschaft wird von Reinheit durchdrungen sein.

Wenn du die Fähigkeit hast,
ein reines Herz zu entwickeln,
wird Gott die Notwendigkeit fühlen,
dir eine höchste Gunst zu gewähren:
Er wird dir
Seine Heiligenkinder
als Spielgefährten geben.

Weil du ein neues Herz hast, wirst du zum Besitzer von neuen Gotteserfahrungen.

Lasst uns rein sein. Der Supreme wird uns lieben. Der Suchende ist nicht besser als ein Tier, wenn in seinem inneren oder äußeren Leben keine Reinheit vorhanden ist. Ohne Reinheit kann er keine der spirituellen Gaben, die er empfängt, behalten. Alles wird verschwinden, und alles wird den Sucher enttäuschen, wenn es ihm an Reinheit fehlt. Doch wenn er von Reinheit durchflutet ist, werden schließlich alle göttlichen Eigenschaften in ihn einströmen. Sie werden in ihm singen, tanzen und ihn zum glücklichsten Menschen auf Erden machen. Und indem sie ihn glücklich machen, finden diese göttlichen Eigenschaften ihre eigene wahre Erfüllung.

Ich weiss,
wenn ich rein,
vollkommen rein werde,
wird mein höchster Herr
mich in Seinen eigenen,
melodienschöpfenden Engel
verwandeln.

*Im spirituellen Leben ist Reinheit
so lebenswichtig wie unser Lebensatem,
und Gott gibt uns Reinheit nur,
wenn wir fühlen, dass Er
unsere einzige Notwendigkeit ist.*

Reinheit verlangt zwar, dass du einen sauberen Körper hast, doch wahre physische Reinheit liegt in deinem Herzen. Du musst in deinem Herzen einen inneren Schrein errichten. Dieser Schrein ist das ständige Gewahrsein der Führung des Supreme in dir. Wenn du ständig und spontan an den höchsten Führer denkst, der in den innersten Winkeln deines Herzens wohnt, wirst du erkennen, dass dies die höchste Reinheit ist.

*Es gibt viele Arten
von Schönheit,
doch die Schönheit der Reinheit
wird immer unerreicht bleiben.*

Reinheit allein vermag neunundneunzig Prozent all deiner Lebensprobleme zu lösen.

Wenn im Physischen keine Reinheit vorhanden ist, kann vollständiger Erfolg, die allumfassende Offenbarung Gottes, nicht erreicht werden. Du magst einen gewissen spirituellen Erfolg haben, doch selbst dieser Teilerfolg im Leben wird dich bitter enttäuschen, wenn Reinheit in deiner Natur nicht verankert ist. Du musst Reinheit im Physischen, im Vitalen, im Verstand - überall in deiner äußeren Natur schaffen. Dann wird alles was du tust, was du bist, was du besitzt, von Reinheit erfüllt sein. Reinheit ist nichts Schwaches oder Negatives; sie ist etwas Seelenvolles und Dynamisches. Sie ist etwas, das ständig von der unendlichen Energie und dem unbesiegbaren, diamantenen Willen des Supreme genährt wird.

Bevor dir Gott
deine Befreiung gewährt,
wirst du Seine Reinheits-Inspektion
bestehen müssen.

*Wenn du die verborgenen Schätze
deines Herzens sehen willst,
dann betrachte zuerst Gottes Fußspuren
im Reinheitsschnee deines Herzens.*

Schon allein das Aussprechen des Wortes "Reinheit" kann helfen, das äußere wie auch das innere Leben eines Suchenden zu verändern. Wiederhole das Wort "Reinheit" täglich hundertacht Mal, während du beim Sprechen die rechte Hand auf den Nabel legst. Dann wirst du sehen, wie Reinheit im Überfluss in dich eintritt und dich durchfließt. Wenn du rein bist, wirst du die Welt mit anderen Augen betrachten. Du wirst sehen, wie Reinheit in der Welt schnell erwacht. Du wirst sehen, wie Schönheit in der Welt schnell erblüht. Du wirst sehen, wie Vollkommenheit in der Welt schnell wächst.

*Was hat seelenvolle Reinheit
für mich getan?
Sie hat mir großzügig geholfen,
meine Emsemsliebe
hier, dort und überall zu verbreiten.
Versuche, sie zu erlangen.
Es wird auch dir gelingen.*

Um Gott zu lieben, brauche ich nur eines: den Atem der Reinheit.

Reinheit ist süß, süßer, am süßesten. Du bist rein, wenn du Reinheit in dir siehst. Du bist reiner, wenn du Reinheit in dir und um dich herum fühlst. Du bist am reinsten, wenn du innen und außen zu Reinheit wirst. Wenn du ein unreines Leben führst, tötest du buchstäblich dein inneres Wesen. Doch wenn du ein reines Leben führst, beschleunigst du die Reise deiner Seele. Deine Seele und dein Leben erhalten ihre größte Gelegenheit, wenn Reinheit in deinem Leben fest verankert ist.

Wenn du
deine innere Reinheit nährst,
wird deine äußere Göttlichkeit
erblühen.

*Ein reines Herz
kann sich an Gottes Liebe
eine flüchtige Sekunde lang erfreuen,
doch Gottes Liebe erfreut sich
an einem reinen Herzen
für immer und ewig.*

Reinheit ist wie ein Muskel, der durch Übung und Training entwickelt werden kann. Dafür brauchst du viele Jahre der Übung sowie Gottes Gnade. Wenn du versuchst, Reinheit zu erlangen, wirst du sie mit Sicherheit erhalten. Wenn du sie heute nicht erhältst, wirst du sie in zehn Jahren oder in der nächsten Inkarnation erhalten. Völlige Reinheit im Physischen, im Vitalbereich und im Verstand zu erlangen, braucht Zeit. Du sehnst dich nach Reinheit im Herzen. In ein paar Tagen oder ein paar Monaten erlangst du sie vielleicht auch. Aber Reinheit im Verstand zu erlangen dauert länger. Im Vitalen ist es noch schwieriger. Und Gott allein weiss, wieviele Jahre es im Physischen dauert. Es ist vergleichsweise viel einfacher, Reinheit im Herzen zu erlangen. Die Seele ist immer rein; wenn du dich mit der Seele identifizierst, bist du ganz Reinheit.

*O Reinheit, ich liebe dich,
denn wenn du zum Vorschein kommst,
erschaffst du
das Einssein der Schönheit
und die Fülle der Göttlichkeit.*

*Suche neue innere Freunde,
insbesondere die Reinheit
deines Herzens und die Göttlichkeit
deiner Seele.*

Erfahrungen zu haben ohne die Kraft der Reinigung ist wie im gefährlichsten Teil des Urwaldes zu leben. Das bedeutet nicht, dass Erfahrung immer auf vollständige Reinigung warten muss. Wirklich notwendig ist ein gutes Verständnis und eine echte Beziehung zwischen wachsender Erfahrung und wachsender Reinheit.

*Wenn du die Fülle deiner Gedanken
reinigen kannst,
wirst du fähig sein,
die Güte deines Herzens
zu steigern
und den Gotthunger in dir
zu stillen.*

Es ist wahr, dass nur mein Herz der Reinheit Gottes Angesicht sehen kann. Ebenso wahr ist, dass mein Herz der Unreinheit von Gott nicht ignoriert wird. Im Gegenteil, mein Herz der Unreinheit genießt die Fürsorge von Gottes ständigem Mitleid.

Zwischen der Reinheit und der Unreinheit in unserer Natur findet ein zähes Ringen statt. Wasser ist Wasser, doch das eine Wasser kann uns krank machen, wenn wir es trinken, während das andere Wasser uns erfrischt und stärkt. Die Wahrheit erkennt, ob der Sucher das reinste Wasser will oder nicht. Die Wahrheit wird die Falschheit gänzlich vertreiben, wenn sie überzeugt ist, dass unser Versprechen völlig aufrichtig ist, dass wir nicht wieder zur Falschheit zurückkehren, auch wenn wir das innere Licht nicht sofort erhalten, und dass unsere Wahl Licht und nichts anderes ist.

*Mein Reinheitsherz
ist das unbezahlbare Geschenk
meines absoluten geliebten Supreme.*

Das Einsseinsleben der Reinheit ist die transzendentale Hoffnung der Welt.

Es gibt zwei Eigenschaften, die wir am dringendsten brauchen. Die eine Eigenschaft ist Reinheit, die andere Einssein. Reinheit und Einssein sind untrennbar. Reinheit befindet sich auf der äußeren Bewusstseinsebene und Einssein auf der inneren Bewusstseinsebene. Wenn wir von der äußeren Bewusstseinsebene zur inneren gehen wollen, dann werden wir zuerst Reinheit entwickeln, und von der Reinheit werden wir zum Einssein gelangen. Doch wenn wir von innen nach außen gehen wollen, was ebenfalls richtig ist, dann beginnen wir mit Einssein; und wenn Einssein vorhanden ist, ist Reinheit bereits da. Einssein kann nicht von Reinheit getrennt werden.

Unreinheit trennt.
Reinheit vereint.
Weil Gott rein ist,
ist Er eins;
Er ist das Einsseinslied Seines Herzens
im Fülletanz Seines Lebens.

Nichts ist so rein
wie das Streben des Herzens.

Für mentale Reinheit brauchen wir ungeheure Strebsamkeit. Reinheit befindet sich auf der äußeren Ebene, doch ist sie einmal verankert, können wir Einssein mit dem inneren Wesen errichten. Dann werden wir vollkommen sein. Wenn wir Einssein im inneren Wesen und Reinheit im äußeren Leben besitzen, werden wir von allein die Fähigkeit zur Manifestation erhalten und ein vollkommenes Instrument des Supreme werden. Zu diesem Zeitpunkt sind wir nicht nur mit dem Höchsten und für das Höchste, sondern wir sind das Höchste. Das ist es, was Einssein uns sagen kann und wird.

Dein aus Reinheit geborenes Streben
wird ganz gewiss
mit dem göttlich lächelnden Gesicht Gottes
spielen können.

Glaube und Reinheit sind der Sonnenaufgang eines Sucherherzens.

Reinheit ist das Licht unserer Seele, die ihre Göttlichkeit durch das Physische, das Vitale und den Verstand ausdrückt. Reinheit bedeutet, den Weisungen unserer inneren Führung zu folgen, ohne ungöttlichen Kräften zu erlauben, in uns einzudringen. Wo immer es an Reinheit mangelt, herrscht Dunkelheit, und Dunkelheit ist der Vorbote des Todes. Was wir heute Dunkelheit nennen, bedeutet morgen Tod für uns. Reinheit ist das einzige, das unsere Göttlichkeit bewahren kann. Wo keine Reinheit ist, ist keine Sicherheit. Wo keine Reinheit ist, ist keine Spontaneität. Wo keine Reinheit ist, gibt es keinen stetigen Fluss von Göttlichkeit in uns.

Reinheit hat die Fähigkeit,
Unsicherheit und Stolz
augenblicklich zu zerstören.
Reinheit hat die Fähigkeit,
Einssein mit Gottes transzendentalem Willen
augenblicklich zu erschaffen.

Habe zuerst Reinheit;
nur dann wird es dir nie an Kraft fehlen.

Ist Reinheit einmal verankert, besonderes im Vitalen, so ist sehr viel im inneren und äußeren Leben eines Menschen erreicht. In menschlicher Reinheit wohnt Gottes höchste Göttlichkeit. Die Reinheit des Menschen ist Gottes Atem. Wenn wir Reinheit besitzen, besitzen wir alles. Reinheit ist ungeheure Kraft. Mit Reinheit können wir alles erreichen. Verlieren wir aber unsere Reinheit, werden wir straucheln und können leicht fallen, auch wenn wir Macht, Reichtum oder Einfluss besitzen.

Mit meinem Unreinheitsatem
kämpfte ich gestern gegen Gott.
Mit meinem Reinheitsherzen
tanze ich heute mit Gott.

Mein Reinheitsherz enthüllt
meinem Leben stets das verborgene
Versprechen meiner Seele.

Während unserer Meditation und während unserer täglichen
Aktivitäten müssen wir Reinheit einatmen, so wie wir Luft einatmen. Wir müssen bewusst an Reinheit denken. Wir besitzen
eine innere Existenz und eine äußere Existenz. Unsere innere
Existenz wird zwangsläufig ersticken, wenn es uns nicht möglich
ist, Reinheit einzuatmen. Das kosmische Selbst, das universelle Selbst ist immer mehr als bereit, uns mit Reinheit in unendlichem Maße zu versorgen. Wenn Reinheit in unserem inneren
Leben nicht fest verankert ist, wird unser äußeres Leben früher
oder später zum Scheitern verurteilt sein. In der Reinheit kann
unsere Göttlichkeit wachsen; in der Reinheit kann unser wahres
Leben erblühen und seine Erfüllung hier auf der Erde finden.

*Weil dein Herz rein ist,
ist auch das Herz der Welt
für dich rein geworden.*

Dein Verstand fühlt sich oft verloren, wenn er die Reinheit, Schönheit und Göttlichkeit meines Herzens sieht.

Reinheit im Denken ist äußerst schwer zu erlangen. Reinheit im äußeren Handeln ist leichter zu erreichen, doch zuerst muss Reinheit im Denken erlangt werden. Wie können wir Reinheit im Verstand, in unseren Gedanken und Vorstellungen haben? Wir können diese Reinheit leicht besitzen, wenn wir fühlen, dass wir nicht der Körper, sondern die Seele sind. Das Wort "Seele" bringt sofort eine Fülle von Reinheit in unseren Verstand. Reinheit wird zu uns kommen; sie muss in dem Augenblick zu uns kommen, in dem wir fühlen, dass wir nicht der Körper, sondern die Seele sind. Selbst wenn wir nicht wissen, was die Seele ist, bringt allein schon das Wort "Seele" ein Gefühl von Helligkeit, ein Gefühl von Göttlichkeit, ein Gefühl ungetrübter Freude in unseren Verstand. Und diese göttlichen Eigenschaften bringen spontan Reinheit hervor.

Ich ahme nach.
Ich möchte, dass mein Verstand nachahmt.
Was ist es, das wir nachahmen werden?
Es ist die Duftrose
meines Reinheitsherzens.

Reinheit ist die allmächtige Gnade Gottes, die unablässig auf strebende menschliche Seelen herabregnet.

Laufen hilft dem Sucher beträchtlich, Reinheit zu entwickeln. Wenn er bei jedem Einatmen nur einmal Gottes Namen wiederholt, oder "Supreme", oder welcher göttliche Name ihm auch immer in den Sinn kommen mag, so wird dieser göttliche Gedanke seine Reinheit vergrößern. Entweder verwandelt sich dieser Gedanke im Läufer zu Reinheit, oder er schenkt dem Läufer Reinheit.

*Ein Reinheitsherz
ist sein neuerworbener
innerer Schatz.*

Die Reinheit deines Herzens kann leicht deinen sturmgepeitschten Verstand zur Ruhe bringen.

Um dein emotionales Leben zu vervollkommnen, musst du täglich Reinheit in dein System bringen. Diese Reinheit ist die Reinheit des Einsseins. Beginne mit dem Einssein mit deiner Seele; versuche dann, Einssein mit deinem Herzen zu errichten, dann mit deinem Verstand, dann mit deinem Vitalen, dann mit deinem Körper. Du solltest zuerst in die Vollkommenheit deiner Seele eintreten und diese dann in dein Herz bringen. Fühle, dass du in den Vollkommenheitsfluss eingetaucht bist und dich von der Seele zum Herzen tragen lässt. Fühle, dass deine Strebsamkeit die Geschwindigkeit des Flusses ist. Wenn du das Herz erreicht hast und fühlst, dass du eine kleine Ruhepause benötigst, da du bereits eine so große Strecke zurückgelegt hast, kannst du einige Tage oder Monate im Herzen verweilen.

Der Duft
der Reinheit meines Herzens
geht weit
über das Unreinheitsgebiet
meines Verstandes hinaus.

Der Verstand ist nicht schlecht. Du musst ihn nur rein machen. Dann wirst du den Reinheitsduft der Wahrheit genießen können.

Sobald du dich wieder voller Energie fühlst, solltest du die Geschwindigkeit deines inneren Strebens benutzen, um die Reinheit des Einsseins weiter zu errichten, und der Vollkommenheitsfluss wird beginnen, zu deinem Verstand zu fließen. Wenn du fühlst, dass du eine beträchtliche Strecke zurückgelegt hast, und du eine Pause benötigst, kannst du auch hier unbegrenzt warten. Dann beginnst du deine Reise vom Verstand zum Vitalen, und von dort gelangst du zum Physischen. Wenn du von deiner Seele zu deinem Körper reisen kannst, wirst du in deinem täglichen Leben, in jedem Bereich deines Lebens, Vollkommenheit besitzen. Doch du musst bei der Quelle, der Seele, beginnen.

Die Morgendämmerung seiner Meditation
hat die Unreinheit seiner Verstandesstadt
gereinigt.

Wenn dein Herz für dich denkt, bist du in Sicherheit, denn Gott ist mit deinem Reinheitsherzen immer zufrieden.

Wir können den Verstand reinigen, indem wir ihn entweder leeren oder indem wir Licht von oben oder von innen anrufen. Wir können uns den Verstand als ein Gefäß vorstellen. Nehmen wir an, das Gefäß sei gefüllt mit schmutzigem, dreckigem Wasser. Nur wenn wir es ausleeren, haben wir die Möglichkeit, es wieder mit sauberem Wasser zu füllen. Wir können uns auch den Verstand als dunklen Raum vorstellen, als einen Raum, der seit vielen, vielen Jahren kein Licht mehr gesehen hat. Wenn wir den Verstand als einen dunklen Raum betrachten, wird uns klar, dass wir jemanden brauchen, der Licht in diesen Raum bringen kann. Dieser Jemand ist die Seele. Also müssen wir mit der Seele Freundschaft schließen. Wir müssen diesen vertrautesten Freund herbeirufen, der die Fähigkeit hat, uns zu helfen, und der bereit ist, alles Dunkle in uns zu erleuchten. Wir müssen bewusst fühlen, dass wir die Seele genauso brauchen wie den Körper. Wenn unser Bedürfnis aufrichtig und echt ist, wird die Seele zum Vorschein kommen und die Dunkelheit, die wir in unserem Verstand haben, erleuchten.

Zögere nicht, zögere nicht!
Du musst das alte
Unreinheitsleben deines Verstandes
durch das neue
Reinheitsleben deines Herzens
ersetzen.

Eine kindliche Reinheit gehorcht immer
der inneren Stimme, und wenn jemand
der inneren Stimme gehorcht,
kann er sich davon befreien,
Fehler zu begehen.

Du solltest stets um Reinigung beten. Solange du nicht gereinigt bist, werden dich alle negativen Kräfte angreifen. Wenn du betest und meditierst, dann bete oder meditiere zuerst bewusst auf Reinheit im Herzen. Wenn Reinheit dort fest verankert ist, werden alle falschen Kräfte in dir unweigerlich verschwinden. Schließlich werden die ungöttlichen Kräfte nicht einmal mehr fähig sein, in dich einzudringen.

Wenn du in deinem Herzen nicht
mehr Reinheit entwickelst,
wird dein spirituelles Leben
äußerst enttäuschend sein.

Nur durch inneren Frieden können wir wahre äußere Freiheit erlangen.

Ein Kind findet seinen Frieden in Lärm und Aktivität. Ein Erwachsener findet seinen Frieden anderswo. Er findet seinen Frieden, wenn er fühlt, dass er die Welt beherrschen kann. Ein alter Mensch denkt, er werde Frieden erhalten, wenn die Welt seine Größe erkennt. Doch Frieden kann niemals in einem Menschen erwachen, wenn er nicht richtig gesucht wird.

Ein Tag wird kommen, an dem das Kind zu Gott um ein ruhiges und stilles Leben beten wird. Dann wird es Frieden erhalten. Wenn ein Erwachsener Frieden will, muss er erkennen, dass er ihn nicht erlangen kann, indem er die Welt besitzt oder regiert. Nur indem er der ganzen Welt bewusst und vorbehaltlos anbietet, was er hat und was er ist, wird er Frieden finden. Der alte Mensch, der bald hinter den Vorhang der Ewigkeit treten wird, kann Frieden nur dann finden, wenn er die Vorstellung hegt, kein Bettler, sondern ein König zu sein. Er hat der Menschheit seinen inneren und äußeren Reichtum angeboten. Wenn er an seinem Lebensabend nichts mehr von der Welt erwartet, wird sein inneres Bewusstsein und sein äußeres Wesen von Frieden durchdrungen sein.

Frieden ist der Beginn der Liebe.
Frieden ist die Vollendung der Wahrheit.
Frieden ist die Rückkehr zur Quelle.

Frieden ist die Vervollkommnung unseres Verstandes und die Vergöttlichung unserer Gedanken.

Wie können wir in unserem äußeren Leben inmitten der Geschäftigkeit und Hast unserer vielfältigen Aktivitäten Frieden, auch nur ein kleines bisschen Frieden finden? Ganz einfach: Wir müssen uns für die innere Stimme entscheiden. Ganz einfach: Wir müssen unsere bindenden Gedanken beherrschen. Ganz einfach: Wir müssen unsere unreinen Gefühle reinigen. Wir müssen stets auf unsere innere Stimme hören. Sie ist unser sicherer Schutz. Wir müssen uns vor den bindenden Gedanken in Acht nehmen. Diese Gedanken haben eine ungeheure Energie. Wir dürfen sie nie zu Bergen anwachsen lassen. Wir müssen ihnen gegenübertreten und sie dann beherrschen. Diese Gedanken sind völlig unwesentlich. Wir müssen auf den Luxus des emotionalen Sturmes verzichten. Unreine Emotionen bedeuten unmittelbare Enttäuschung, und Enttäuschung ist der Vorbote völliger Zerstörung. Wie können wir uns für die innere Stimme entscheiden? Um uns für die innere Stimme zu entscheiden, müssen wir früh am Morgen meditieren. Um unsere ungöttlichen Gedanken unter Kontrolle zu bringen und zu beherrschen, müssen wir mittags meditieren. Um unsere unerleuchteten, unreinen Gefühle zu reinigen, müssen wir am Abend meditieren.

*Endlich,
ein Augenblick des Friedens!
Mein zweifelnder Verstand
hat sich meinem erleuchtenden Herzen
ergeben.*

Du wirst von Frieden
überflutet werden,
wenn du ruhig und still bleibst
und den göttlichen Gedanken
deiner spirituellen Führung erlaubst,
in dich einzutreten.

Versuche beim Einatmen zu fühlen, dass du Frieden, unendlichen Frieden in deinen Körper bringst. Und was ist das Gegenteil von Frieden? Rastlosigkeit. Wenn du ausatmest, versuche bitte zu fühlen, dass du nichts anderes als die Rastlosigkeit deines Körpers, deines Verstandes und deiner Umgebung ausströmen lässt. Wenn du auf diese Weise atmest, wird dich Rastlosigkeit verlassen.

Gott wird dir
Sein Friedensreich gewähren,
wenn es keinen Unterschied mehr
zwischen dir
und dem Meditationsmeer deines Herzens gibt.

Das größte Unglück, das einem Menschen zustoßen kann, ist, seinen inneren Frieden zu verlieren. Keine äußere Kraft kann ihm diesen Frieden rauben. Seine eigenen Gedanken, seine eigenen Handlungen sind es, die ihm den inneren Frieden rauben.

Unser größter Schutz liegt nicht in unseren materiellen Errungenschaften und Reichtümern. Alle Reichtümer der Welt sind für unsere göttliche Seele bedeutungslos. Unser größter Schutz liegt in der Verbindung unserer Seele mit dem all-nährenden und all-erfüllenden Frieden. Unsere Seele lebt im Frieden und für den Frieden. Wenn wir ein Leben des Friedens leben, werden wir ständig bereichert und verarmen nie. Unser innerer Frieden ist unendlich; wie der grenzenlose Himmel umfasst er alles. Lange haben wir gekämpft, viel haben wir erlitten, weit sind wir gereist. Doch das Gesicht des Friedens ist uns immer noch verborgen. Wir können es entdecken, sobald sich die Kette unserer Wünsche im Willen des höchsten Herrn verliert.

Solange du nicht
zum Entsager der Erwartung wirst,
kannst du nicht
der Besitzer von Frieden sein.

*Wenn du in der äußeren Welt
aufrichtig Frieden willst,
dann biete all deine Weisheit an.
Wenn du in der inneren Welt
aufrichtig Frieden willst,
dann bringe all deine Stille dar.*

Frieden besitzen wir erst, nachdem wir gänzlich aufgehört haben, bei anderen Fehler zu finden. Wir müssen die ganze Welt als unser eigen betrachten. Wenn wir auf die Fehler anderer schauen, treten wir in ihre Unvollkommenheiten ein. Dies hilft uns nicht im geringsten. Und seltsam, je tiefer wir tauchen, desto klarer wird uns, dass die Unvollkommenheiten anderer unsere eigenen Unvollkommenheiten sind, nur in einem anderen Körper und Verstand. Wenn wir hingegen an Gott denken, erweitern Sein Mitleid und Seine Göttlichkeit unsere innere Schau der Wahrheit. Wir müssen zur Fülle unserer spirituellen Verwirklichung gelangen, um die Menschheit als eine Familie anzunehmen.

*Gott hat mir insgeheim
etwas erzählt:
Wer widerspricht,
zieht seinen prahlerischen Verstand
seinem friedvollen Herzen vor.*

Ein Sucher nach Frieden wünscht sich Schönheit im Innern.

Wir dürfen unserer Vergangenheit nicht erlauben, den Frieden unseres Herzens zu quälen und zu zerstören. Unsere gegenwärtigen guten und göttlichen Taten können leicht unseren schlechten und ungöttlichen Taten der Vergangenheit entgegenwirken. Wenn Sünde die Kraft hat, uns zum Weinen zu bringen, dann besitzt Meditation zweifellos die Kraft, uns Freude zu geben und uns mit göttlicher Weisheit zu beschenken. Unser Frieden ist im Innern, und dieser Frieden ist die Grundlage unseres Lebens. Entschließen wir uns also, unseren Verstand und unser Herz von heute an mit Tränen der Hingabe, dem Fundament des Friedens, zu füllen. Wenn unser Fundament stabil ist, kann uns keine Gefahr in Schrecken versetzen, wie hoch wir auch den Überbau errichten. Denn Frieden ist unten, Frieden ist oben, Frieden ist innen, Frieden ist außen.

Wenn du dein Herz öffnen kannst,
wie eine Blume
sich der Sonne öffnet,
wird Gott dich,
dein ganzes Wesen,
mit Seinem allumfassenden Frieden umhüllen.

Wir können dauerhaften inneren Frieden nur erreichen, wenn wir fühlen, dass unser höchster Führer in den Vielen als der Eine und in dem Einen als die Vielen existiert.

Frieden kommt zu uns, aber wir verlieren ihn, weil wir das Gefühl haben, nicht für die Menschheit verantwortlich oder kein fester Teil der Menschheit zu sein. Wir müssen Gott und die Menschheit als großen Baum betrachten. Gott ist der Baum, und die Zweige sind Seine Manifestation. Wir sind Zweige, und es gibt noch viele andere Zweige. Alle diese Zweige sind Teile des Baumes und untereinander und mit dem Baum verbunden. Wenn wir zu Gott und zur Menschheit die gleiche Beziehung empfinden können wie der Zweig zu den vielen anderen Zweigen und zum Baum als Ganzes, werden wir unweigerlich ewig währenden Frieden erhalten.

*So wie die zahllosen Tropfen
des grenzenlosen Ozeans
oder die Myriaden Blätter
eines riesigen Banyanbaumes
friedlich Seite an Seite weilen,
so werden eines Tages alle Menschen
Seite an Seite
in einer vollkommenen Einsseinswelt leben.*

Gott hat unzählige Kinder, doch der Name seines liebsten Kindes ist Frieden.

Es gibt absolut nichts Wichtigeres als die Suche nach Frieden in der äußeren Welt. Ohne Frieden ist die äußere Welt nicht nur durch und durch böse, sondern auch hoffnungslos schwach. Frieden selbst ist Stärke. Wenn du inneren Frieden besitzt, kannst du voller Freude und Glückseligkeit in die äußere Welt hinaustreten. Du kannst die äußere Welt leicht bewältigen, wenn du Frieden - und sei es nur ein kleines bisschen Frieden - besitzt. Wo immer du hingehst, wirst du deinen eigenen Frieden schaffen. Wenn du hingegen gar keinen inneren Frieden anzubieten hast, werden die einzigen Eigenschaften, die du zum Ausdruck bringen wirst, Rastlosigkeit und Aggression sein.

Brauchst du Frieden im Verstand?
Dann denke, dass die Welt
dich nicht braucht.
Brauchst du Frieden im Verstand?
Dann fühle, dass die Welt
nicht annähernd so nutzlos ist,
wie du denkst.
Brauchst du Frieden im Verstand?
Dann sieh zu, dass du nicht
die gleichen Fehler begehst,
die die Welt so oft begeht.

Gott besitzt Frieden, weil Er die Erwartung von sich geworfen hat.

Weltfrieden wird beginnen, wenn die sogenannte menschliche Erwartung endet. Weltfrieden kann nur erwachen, wenn jeder einzelne die höchste Wahrheit verwirklicht: Liebe ist die Enthüllung des Lebens, und Leben ist die Manifestation der Liebe. Weltfrieden kann auf der Erde erreicht, enthüllt, angeboten und manifestiert werden, wenn in jedem Menschen die Macht der Liebe die Liebe zur Macht ersetzt.

Mein Herr,
Du bist in mein Herz eingetreten
und hast mich fühlen lassen
dass wir alle Brüder und Schwestern
einer einzigen Weltfamilie sind.
Tritt jetzt in meinen Verstand ein,
damit er handelt wie mein Herz
und ich nicht mehr fähig bin,
andere zu verletzen.

Was kann uns inspirieren,
in der äußeren Welt Frieden zu haben?
Einfachheit kann unseren Körper
inspirieren, Demut kann unser Vitales
inspirieren, Aufrichtigkeit kann
unseren Verstand inspirieren, und
Reinheit kann unser Herz inspirieren.

Für inneren Frieden ist kein Preis zu hoch. Frieden regelt das Leben auf harmonische Weise. Frieden vibriert vor Lebensenergie. Er ist eine Kraft, die leicht all unser weltliches Wissen übersteigt. Dennoch ist er nicht von unserer irdischen Existenz getrennt. Dieser Frieden kann hier und jetzt gefühlt werden, wenn wir die richtigen Kanäle in uns öffnen. Frieden ist ewig. Um Frieden zu haben, ist es nie zu spät. Die Zeit ist immer reif dafür. Wir können unser Leben wirklich fruchtbar machen, wenn wir nicht von unserer Quelle abgeschnitten sind, dem Frieden der Ewigkeit.

Meine Politik des offenen Herzens:
Frieden
um jeden Preis.

Wer glaubt, dass Frieden am Ende
seiner Lebensreise von alleine in sein
Leben treten wird, irrt sich.
Zu hoffen, Frieden ohne Meditation und
spirituelle Disziplin zu erlangen, heißt
Wasser in der Wüste zu erwarten.

Für Frieden im Verstand ist Gebet von grundlegender Bedeutung. Wie sollen wir nun beten? Mit Tränen in unserem Herzen. Wo sollen wir beten? An einem einsamen Ort. Wann sollen wir beten? Dann, wenn unser inneres Wesen möchte, dass wir beten. Warum sollen wir beten? Das ist die Frage der Fragen. Wir müssen beten, wenn wir möchten, dass unsere Wünsche oder unsere Bestrebungen von Gott erfüllt werden. Was können wir darüberhinaus noch von Gott erwarten? Wir können von Ihm erwarten, uns alles verstehen zu lassen - alles im Nichts und das Nichts in allem: die Fülle in der Leere und die Leere in der Fülle.

Frieden, Frieden, Frieden.
Frieden ist Liebe, unverkennbar verwirklicht.
Frieden ist Freude, vorbehaltlos geteilt.
Frieden ist Einssein, seelenvoll ausgedehnt.
Frieden ist Fülle, dauerhaft begründet.

Wenn du frei von Gedanken bleiben kannst, so dass der Verstand vollkommen ruhig und still ist, wirst du ständig Frieden in grenzenlosem Maße fühlen.

Die Welt braucht Frieden. Wir alle brauchen Frieden. Doch wenn wir an Frieden denken, versuchen wir ihn in unserem Verstand zu entdecken. Wir fühlen, dass Frieden nur im Verstand gefunden werden kann und dass unsere Probleme endgültig gelöst sein werden, wenn wir einmal Frieden in unserem Verstand entdecken können. Doch dazu möchte ich sagen, dass der Verstand, auf den wir uns hier beziehen, der physische Verstand ist. Dieser Verstand ist der zweifelnde Verstand, und im zweifelnden Verstand können wir niemals die Anwesenheit von Frieden fühlen. Wir können die Anwesenheit von Frieden nur im liebenden Herzen fühlen. Der zweifelnde Verstand führt uns zu völliger Enttäuschung; das liebende Herz führt uns zu vollständiger Zufriedenheit.

Bitte deinen Verstand, klug zu sein.
Was dein Verstand braucht, ist Frieden,
und diesen Frieden kann er nur
von einem Ort erhalten:
Vom Herzen des Einsseins,
und von nirgendwo sonst.

Frieden beginnt, wenn Erwartung endet.

Frieden ist unser innerer Reichtum. Den inneren Reichtum können wir nur zum Vorschein bringen, wenn wir von der äußeren Welt nichts und vom höchsten Führer in uns alles erwarten - zu Gottes auserwählter Stunde. Wenn wir für die Welt arbeiten und der Welt dienen, haben wir häufig das Gefühl, dass die Welt uns dafür Dankbarkeit oder Anerkennung schuldet. Wir werden zwangsläufig enttäuscht werden, wenn wir von der Welt etwas erwarten. Doch wenn wir die Erwartung an den inneren Führer stellen, erfüllt Er uns über jegliche Vorstellung hinaus. Eines jedoch müssen wir wissen: Gott hat Seine eigene Stunde.

Die höchsten Geheimnisse eines friedvollen Lebens:
Erwarte nicht, gib einfach.
Delegiere nicht, beginne einfach
und fahre fort.
Zieh dich nicht zurück, strebe einfach
nach Selbstüberschreitung.

Das Leben des Friedens ist das Ergebnis unserer bedingungslosen Hingabe an den Willen des Supreme. Wenn wir überhaupt nichts von der Welt erwarten, weder Gutes noch Schlechtes, werden wir in unserem gesamten Wesen Frieden haben.

Unsere Pflicht ist es, für Frieden zu beten, auf Frieden zu meditieren, uns auf Frieden zu konzentrieren und auf Frieden zu kontemplieren. Gottes Pflicht ist es, uns mit Seinem Frieden zu überschütten. Wenn wir die Kunst der Selbsthingabe beherrschen, kann sich das Königreich des Friedens in unserem Innern nicht von unserer lebendigen Wirklichkeit trennen. Es ist unsere bewusste innere Selbsthingabe, unsere bedingungslose Selbsthingabe an den inneren Führer, die unsere Reise zur Entdeckung des alles erleuchtenden, alles erfüllenden Friedens beschleunigt.

Wenn du
Gehorsam, Gehorsam, Gehorsam
üben kannst,
dann kannst du
im Herzensheim des Friedens leben.

*Gott wird dir Frieden nur gewähren,
wenn du fühlst,
dass du weder für deine Familie
noch für die Welt unentbehrlich bist.*

Jeder einzelne Mensch, jeder Mann und jede Frau sollte sich allen Nationen zugehörig fühlen. Das bedeutet nicht, dass man das eigene Land vernachlässigen soll, um sich ausschließlich anderen Nationen zu widmen. Doch jeder Mensch, der die Kraft und die Bereitschaft besitzt, anderen Nationen zu dienen, wird auch die Bereitschaft haben, der eigenen Nation in großem Maße zu dienen. Während man dem eigenen Land dient, sollte man das Einssein des eigenen Landes mit anderen Nationen fühlen. Du musst fühlen, dass deine eigenen Arme mit deinen Augen eins werden. Deine Arme sind deine Arbeitskraft, und deine Augen sind deine Kraft der Schau. Deine Schau trägt dich an alle Enden der Welt, wohingegen deine Arme bei dir bleiben. Mit deiner Schau erkennst du die Bedürfnisse deiner Brüder und Schwestern in der Welt. Dann musst du mit deinen Armen arbeiten, um diese Bedürfnisse zu erfüllen. Dies kannst du nur, wenn du fühlst, dass du weit über deine kleine Familie hinausgegangen bist und die Weltfamilie als dein eigen angenommen hast.

*Dank der Universalität
seines Einsseinsherzens
folgt ihm Frieden,
wohin er auch geht.*

*Solange du nicht zuerst
in deinem inneren Leben Frieden
errichtet hast, kannst du
im äußeren Leben keinen Frieden haben.*

Wenn du früh am Morgen, bevor du das Haus verlässt, ein paar göttliche Gedanken hegst, so werden diese Gedanken als energiespendende und erfüllende Wirklichkeiten in dein äußeres Leben eintreten. Alles beginnt in der inneren Welt, in der inneren Welt säen wir den Samen. Wenn wir den Samen des Friedens und der Liebe säen, wird dieser keimen und einen Baum des Friedens und der Liebe hervorbringen. Doch wie können wir die Pflanze oder den Baum erhalten, wenn wir den Samen nicht säen? Es ist unmöglich! Der Frieden, den wir durch Gebet und Meditation aus der inneren Welt zum Vorschein bringen, ist sehr stark, sehr kraftvoll, und er ist dauerhaft. Wenn wir diesen Frieden in unserem inneren Leben besitzen, wird das äußere Leben notwendigerweise verwandelt werden. Es ist nur eine Frage der Zeit.

*Die innere Erfahrung von Frieden
ist des Menschen
höchste Notwendigkeit.*

*Die innere Erfahrung von Frieden
ist des Menschen
transzendentale Schönheit.*

*Die innere Erfahrung von Frieden
ist des Menschen
absolute Wirklichkeit.*

*Die beste Zeit, auf Frieden
zu meditieren, ist am frühen Abend,
zwischen sechs und sieben Uhr.
Die Natur, die die untergehende Sonne
verabschiedet, wird dich inspirieren,
trösten und dir helfen,
Frieden zu erlangen.*

Wenn du inneren Frieden haben willst, musst du dem Pfad der Spiritualität folgen. Spiritualität ist die Antwort. Es gibt drei Lebensalter des Menschen: Minderjährigkeit, Volljährigkeit und Bejahrtheit. Für die Minderjährigen ist Spiritualität Hokuspokus. Für die Bejahrten ist Spiritualität etwas Trockenes, Unsicheres und Schleierhaftes. Und für die Volljährigen ist Spiritualität Selbstvergessenheit, Selbstverneinung und Selbstauslöschung. Doch ein wahrer Sucher wird sagen, dass Spiritualität etwas Normales, Natürliches, Spontanes, Fruchtbares, Klares, Lichtvolles, göttlich Selbstbewusstes, Selbstbejahendes und Selbsterschaffendes ist.

*Wie kann ich
ein konsequenter Friedensliebender sein?
Versuche einfach
das spirituelle Leben,
das Gott,
den all-nährenden Frieden,
hat und ist.*

Das innere Streben kann erhöht werden, um dem Frieden von oben zu begegnen. Doch Frieden muss herabgebracht werden, um unsere Schwierigkeiten zu beseitigen.

Du willst und brauchst Frieden. Um Frieden zu erhalten, brauchst du einen freien Zugang zu deiner Seele. Um freien Zugang zu deiner Seele zu haben, benötigst du innere Stille. Um innere Stille zu haben, brauchst du Strebsamkeit. Um Strebsamkeit zu haben, brauchst du Gottes Gnade. Um Gottes Gnade zu erhalten, musst du fühlen, dass du Gott und nur Gott allein gehörst - für immer!

*Wenn du
ein Friedensspender bist,
wird Gott
als höchster Liebender
zu dir kommen.*

*Die Abwesenheit von Frieden lässt
uns fühlen, dass unser Leben das Leben
einer unbedeutenden Ameise ist.
Die Anwesenheit von Frieden lässt uns
fühlen, dass dies ein Leben ist, auf das
selbst Gott wahrhaftig stolz sein kann.*

Woher kommt Rastlosigkeit? Rastlosigkeit ist ein Zeichen von Unzufriedenheit mit dem, was wir sehen, was wir haben und was wir sind. Wenn wir inneren Frieden besitzen, genügt uns für heute alles, was wir haben, alles, was wir sind, alles, zu dem wir werden. Doch morgen wird Gott uns ein neues Streben geben, damit wir noch höher gehen können. Wo Frieden ist, nimmt die Zufriedenheit ständig zu, und auch der innere Hunger wächst. Wo hingegen Rastlosigkeit herrscht, werden wir keine Zufriedenheit finden. Deshalb gleicht sie einem wild gewordenen Elefanten, der von einer Seite zur anderen rast.

Wie erhalten wir inneren Frieden? Wir erhalten inneren Frieden nur, wenn wir uns einer höheren Macht bewusst sind, die an uns denkt, die uns ihre Liebe und ihre Anteilnahme schenkt. Nur wenn wir fühlen, dass es hoch über uns jemanden gibt, der an uns denkt und uns Anteilnahme, Mitleid, Liebe, Segen entgegenbringt, verschwindet unsere Rastlosigkeit.

*Ich erlange Frieden
nicht durch Einsamkeit,
sondern indem ich der Welt diene.*

Was kann uns inneren Frieden geben?
Nur die Annahme
von Gottes Willen kann uns wahren
inneren Frieden geben.

Wir können Frieden erhalten, indem wir Gottes Willen als unser eigen, ganz unser eigen annehmen. Nur dann kann unser Leben fruchtbar sein. In Gottes Auge gibt es so etwas wie Besitz und Entsagung nicht. In Gottes Auge gibt es nur eines: Annahme - Annahme von Gottes Willen. In unserem Herzen, in unserem Leben gibt es nur ein höchstes Gebet, das Gebet, das uns der Erlöser Jesus Christus gelehrt hat: "Dein Wille geschehe." Millionen Gebete sind seit undenklichen Zeiten geschrieben worden, aber keines kommt diesem einen gleich: "Dein Wille geschehe." Wenn wir Gottes Willen als unseren eigenen annehmen, erstrahlt in jedem Augenblick Frieden in unserem Leben der Weisheit, in unserem Leben des Strebens und in unserem Leben der Widmung.

Das wahre Ziel des Menschen
ist Frieden.
Frieden nährt ihn,
sein inneres
und sein äußeres Leben.

Du und ich erschaffen die Welt durch die Schwingungen, die wir in die Welt tragen. Wenn wir Frieden anrufen und ihn dann jemand anderem weitergeben können, werden wir sehen, wie sich Frieden von einer Person zu zwei Personen und allmählich über die ganze Welt ausdehnt.

Frieden bedeutet nicht die Abwesenheit von Krieg. Äußerlich mögen zwei Länder keinen Krieg führen, doch wenn sie im Innern aggressive Gedanken, feindselige Gedanken hegen, ist das so gut wie Krieg. Frieden bedeutet die Anwesenheit von Harmonie, Liebe, Erfüllung und Einssein. Frieden bedeutet eine Flut von Liebe in der Weltfamilie. Frieden bedeutet die Einheit des universellen Herzens und das Einssein der universellen Seele.

Sieg und Niederlage
sind miteinander verwoben.
Versuche nicht, sie zu trennen,
sondern versuche, über sie hinauszugehen,
wenn sich dein Herz
nach bleibendem Frieden sehnt.

Mach deinen Verstand leer!
Schau, vor dir ist ein Quell des Friedens.

Ein gewöhnlicher Mensch hat das Gefühl, dass ein Meer des Friedens für ihn unerreichbar sei. Doch dieses Meer des Friedens steht ihm zur Verfügung, wenn er das spirituelle Leben beginnt und es auch weiterhin ausübt. Der Grundstein des spirituellen Lebens ist Frieden. Im spirituellen Leben erlangen wir Frieden nur, wenn wir an Gottes Tür klopfen. Wenn wir an die Tür eines Menschen klopfen, werden wir nie Frieden erhalten. Wir müssen jeden Augenblick fühlen, dass wir Frieden nur von Gott erhalten können.

*Frieden
ist das Geschenk der Geschenke,
das Gott
Seinen auserwählten Kindern gewährt.*

Was heisst Frieden?
Frieden heisst,
Gottes Schönheit zu sehen.

Frieden ist der größte und höchste Segen für den Menschen. Der Mensch denkt, er könne durch Wohlstand alles erhalten; doch wenn es ihm an Frieden mangelt, ist er der größtmögliche Bettler. Wir sagen "Frieden im Verstand", aber in Wirklichkeit haben wir im Verstand keinen Frieden. Wenn wir im Verstand verweilen, können wir nie auch nur einen Hauch von Frieden haben. Wenn wir Frieden wollen, müssen wir über den Bereich des Verstandes hinausgehen. Wie können wir über den Verstand hinausgehen? Durch unser unaufhörliches Streben. Dieses Streben wird uns befähigen, den Verstand wie ein Bündel zusammenzuschnüren und in das Meer des Herzens zu werfen. Dann werden wir sehen, dass unser Verstand, unser Vitalbereich und unser Physisches - unsere gesamte Existenz - von innerem Frieden überflutet sein werden.

Der Same des Friedens
muss im Herzen gesät werden.
Nur dann wird er im Körper
des menschlichen Lebens wachsen.

*Eines ist sicher:
Frieden ist nicht das ausschließliche
Monopol des Himmels.
Unsere Erde ist äußerst fruchtbar.
Hier auf Erden können wir Frieden
in unermesslichem Maße
wachsen lassen.*

Welche Dinge können uns davon abhalten, Frieden in der äußeren Welt zu erlangen? Unsere Selbstnachgiebigkeit in der Welt des Körpers, unsere Selbsterhöhung in der Welt des Vitalen, unser Selbstzweifel in der Welt des Verstandes und unser Gefühl der Selbst-Unzulänglichkeit in der Welt des Herzens hindern uns daran, Frieden in der äußeren Welt zu erlangen.

*Wenn du dich in deinem äußeren Leben
nach Frieden sehnst,
musst du in deinem inneren Leben
zur Energie-Tat werden.*

Wenn du inneren Frieden hast, kannst du voll Freude und Glückseligkeit in die äußere Welt hinaustreten.

Welche Dinge können unseren Körper, unsere Lebensenergie, unseren Verstand und unser Herz inspirieren, Frieden in der äußeren Welt zu erlangen? Einfachheit kann unseren Körper inspirieren, Demut kann unsere Lebensenergie inspirieren, Aufrichtigkeit kann unseren Verstand inspirieren, und Reinheit kann unser Herz inspirieren, Frieden in der äußeren Welt zu haben.

Wenn du in der inneren Welt
schlaflos
das Friedenslicht vervielfachen kannst,
dann kannst du in der äußeren Welt
bedingungslos
das Liebesentzücken vervielfachen.

Frieden beginnt,
wenn wir zu der Erkenntnis gelangen,
dass die Welt
unsere Führung nicht braucht.

Was ist Frieden? Frieden ist unsere Befreiung aus der Knechtschaft. Was ist Befreiung? Befreiung ist unser allumfassendes Einssein mit Gott der Einheit und Gott der Vielfalt. Was ist Knechtschaft? Knechtschaft ist der Tanz unseres unerleuchteten Egos. Was ist Ego? Ego ist das Unwirkliche in uns. Und was ist das Wirkliche in uns? Das Wirkliche in uns ist Wahrheit; das Wirkliche in uns ist Gott. Gott und Wahrheit sind so untrennbar wie die Vorder- und Rückseite derselben Münze.

Warum ziehst du
von einem Land zum andern,
um Frieden zu finden?
Das Meer des Friedens ist unmittelbar
im Stille-Himmel deines Verstandes.

Wenn du unendlichen Frieden fühlst, taucht das Problem der Unsicherheit gar nicht auf.

Wenn wir Frieden in unserem inneren und äußeren Leben erlangen wollen, müssen wir die Notwendigkeit beidseitiger Einschließlichkeit und nicht gegenseitiger Ausschließlichkeit kennen. Erde und Himmel müssen vereint werden. Der Himmel besitzt die Stille der Seele. Die Erde besitzt den Klang des Lebens. Die Stille der Seele führt uns zu unserer Quelle, der höchsten Wirklichkeit, und der Klang des Lebens erlaubt uns zu offenbaren, was in dieser höchsten Wirklichkeit ist. In der Einschließlichkeit von Erde und Himmel können wir Frieden erlangen.

Sei dir deiner äußeren Stärke bewusst.
Du wirst göttlich kraftvoll sein.
Sei dir deiner inneren Stärke bewusst.
Du wirst erhaben friedvoll sein.

*Frieden ist die innere Güte
des inneren Menschen.
Frieden ist die äußere Größe
des äußeren Menschen.*

Der alte Traum von Zusammenarbeit ist kein menschlicher Traum, der nur wenig mit der Wirklichkeit zu tun hat. Dieser alte Traum ist vielmehr kein Traum, sondern eine fehlerlose und göttliche Vision, eine horizontlose Vision, die langsam, stetig und unbeirrbar das individuelle und kollektive Schicksal im Vorwärtsschreiten der Menschheit zu ihrem höchsten Ziel des universalen Einsseins und des transzendentalen Neuseins formt. Die Welt entwickelt sich, schreitet voran und erreicht eine höhere Stufe des Lebens. Sie bewegt sich nicht horizontal, sondern in einer Spirale. Deshalb ist der Fortschritt manchmal nicht unmittelbar erkennbar. Manchmal verwirrt und verblüfft er unseren menschlichen Verstand. Doch unser inneres Einssein mit der Weltsituation und der Weltevolution läßt uns unweigerlich den langsamen und stetigen Fortschritt der Welt erkennen.

*Um die Spannungen in der Welt
zu verringern,
muss jedes Sucher-Herz
die nach Frieden hungernde Menschheit nähren.*

*Wenn das Zeitalter
des Verstandes endet,
wird das Herz des Friedens
die ganze Welt überfluten.*

Frieden ist die wirkungsvollste Waffe, um Ungerechtigkeit zu besiegen. Wenn du betest und meditierst, wird dein gesamtes Wesen von Frieden durchflutet. Was immer andere Menschen dann tun - du wirst einfach fühlen, dass es deine eigenen Kinder sind, die vor dir spielen. Du wirst dir sagen: "Sie sind alle nur Kinder. Was kann ich von ihnen erwarten?" Statt dessen aber ärgerst du dich jetzt noch und regst dich auf. Wenn du regelmäßig betest und meditierst, wirst du bald fühlen, dass dein Frieden unendlich viel stärker, erfüllender und kraftspendender ist als die unglücklichen Situationen, die andere herbeiführen.

*Da du auf dem
Pfad des Friedens gehst,
wird dein Verstand völlig vergessen,
dass er früher einmal
von dunklen Gedanken
überfüllt war.*

Frieden ist Leben.
Frieden ist ewige Seligkeit.

Sorgen auf der mentalen, vitalen oder physischen Ebene existieren zwar, doch es liegt an uns, ob wir sie annehmen oder ablehnen. Mit Sicherheit sind sie keine unvermeidlichen Gegebenheiten des Lebens. Da unser allmächtiger Vater reiner Frieden ist, ist unser gemeinsames Erbe Frieden. Es ist eine himalayahohe Dummheit, die Prachtstraße zukünftiger Reue noch zu verbreitern, indem wir die goldenen Gelegenheiten, die uns gegeben werden, missbrauchen und missachten. Wir müssen uns hier und jetzt, inmitten all unserer täglichen Aktivitäten entschließen, uns mit Herz und Seele in das Meer des Friedens zu werfen.

Jeden Tag
bittet meine Seele mein Herz,
ein wenig Friedenslicht
von meiner Seele zu nehmen
und es meinem rastlosen Verstand zu geben.

Nur ein Herz des Friedens kann die höchste Freundschaft Gottes genießen.

Der Sucher im Menschen wird niemals zufrieden sein, solange die Probleme der Welt nicht gelöst sind. Der wirkliche Sucher in uns weiß, dass es einen Weg gibt, all die zahllosen Probleme der Welt zu lösen, und zwar, indem er die Weltprobleme als solche annimmt und dann versucht, Vollkommenheit in die Weltprobleme zu bringen. Wie nehmen wir die Weltprobleme an? Wir nehmen die Weltprobleme als unsere eigenen Probleme, unsere persönlichen Probleme an. Und wie vervollkommnen wir die Weltprobleme? Wir vervollkommnen die Weltprobleme, indem wir uns selbst vervollkommnen sowie jene Dinge, die wir unser eigen nennen.

Was ist Frieden?
Frieden ist,
Gottes Schönheit zu sehen.
Was ist Vollkommenheit?
Vollkommenheit ist,
in Gottes Einsseinsheim zu leben.

Es gibt nur eines,
das war, ist und immer sein wird,
und das ist Liebe: die Liebe,
die Gottes Universum erschaffen hat,
die Liebe, die Gottes Universum nährt,
die Liebe,
die Gottes Universum erhält.

Friede ist das Kind göttlicher Liebe, und gleichzeitig ist Liebe das Kind des Friedens. Wenn wir in unserem vitalen Leben zu Gott beten oder auf Gott meditieren, wird unser emotionales Leben gereinigt, sobald göttliche Liebe von oben herabsteigt. Wenn unser emotionales Leben gereinigt wird, werden wir friedvoll. Dann bringt Liebe Frieden der Welt; Liebe ist die Mutter. Wenn wir hingegen in der physischen Welt meditieren, das heißt in unserem grobphysischen Körper, der rastlos, aggressiv oder lethargisch sein kann, versuchen wir, Frieden von oben herabzubringen. Wenn Friede herabsteigt, erhalten wir eine gewisse Zufriedenheit oder Freude. Diese Freude versuchen wir in Form von Liebe an andere weiterzugeben. Liebe, die auf Frieden gegründet ist, ist natürlich das Kind des Friedens.

Ich sehne mich danach,
nur an einem Ort zu leben -
dort,
wo Liebe ewig regiert.

Weil ich Gott allein gehöre, weiß ich zu lieben.

Wenn du göttliche Liebe in der physischen Welt ausdrücken und manifestieren möchtest, musst du deine spirituelle Willenskraft gebrauchen. Diese Willenskraft ist nicht aggressiv; sie ist reine Selbsthingabe. Durch dein bewusstes Einssein mit dem Willen des Höchsten wirst du fähig sein, deine spirituelle Willenskraft zum Vorschein zu bringen. Wenn es der Supreme billigt, wirst du automatisch und spontan einen Weg finden, mit deiner Willenskraft Liebe zur Menschheit auszudrücken. Wenn du wirklich diese göttliche Willenskraft besitzt, wird selbst aus deinen unbewussten Regungen deine reine Liebe strahlen. Die Menschen um dich herum werden zweifellos diese göttliche Liebe fühlen und den größten Gewinn aus deiner göttlichen Gegenwart erhalten.

Mein erster Fehler war,
Gott nicht bedingungslos
geliebt zu haben.
Mein letzter Fehler war,
meinen ersten Fehler
nicht zu berichtigen.

*L*iebe die Welt mit dem Gefühl, dass die Welt Gott ist. Du wirst die Wahrheit zu neuem Leben erwecken.

Durch deine reine Meditation kannst du Liebe in der physischen Welt ausdrücken und manifestieren. Wenn du in deiner tiefsten Meditation bist, versuche deine reinste Liebe zu fühlen. Dann denke an den Menschen, den du liebst. Indem du dich auf ihn konzentrierst, kannst du deine reine, göttliche Liebe in ihn einfließen lassen. Wenn du einen Menschen mit den Augen deiner Seele anschaust, kannst du Liebe in der physischen Welt manifestieren.

Jene zu lieben, die uns lieben,
heißt, das Richtige tun.
Jene zu lieben, die uns nicht lieben,
heißt, das Gute tun.
Gott zu lieben, der uns immer liebt,
heißt, das Weise tun.
Wenn wir das Richtige tun,
sind wir frei.
Wenn wir das Gute tun,
sind wir sicher.
Wenn wir das Weise tun,
sind wir erfüllt.

Liebe deine Familie sehr.
Dies ist deine große Pflicht.
Liebe die Menschheit mehr.
Dies ist deine größere Pflicht.
Liebe Gott am meisten.
Dies ist deine größte Pflicht,
deine allerhöchste Pflicht.

Wenn Liebe bedeutet, jemanden oder etwas zu besitzen, so ist das keine wirkliche Liebe, keine reine Liebe. Wenn Liebe bedeutet, sich selbst zu geben, eins zu werden mit allen Dingen und mit der Menschheit, dann ist das wahre Liebe. Wahre Liebe ist das völlige Einssein mit dem Gegenstand der Liebe und mit dem Besitzer der Liebe. Wer ist der Besitzer der Liebe? Gott. Ohne Liebe können wir nicht eins werden mit Gott. Liebe ist das innere Band, die innere Verbindung, das innere Bindeglied zwischen dem Menschen und Gott. Wir müssen uns Gott stets durch Liebe nähern.

Versuche nicht, dich
Gott mit Angst zu nähern.
Du wirst sehen, dass Er
unerreichbar ist.

Gehe zu Gott mit deiner Liebe.
Du wirst sehen, dass Er
nicht nur erreichbar ist,
sondern immer zur Verfügung steht.

Wer liebt, wird niemals alt. Gott ist dafür ein leuchtendes Beispiel.

Wenn du die Menschheit wirklich lieben möchtest, dann musst du die Menschheit lieben, wie sie jetzt ist, und darfst von ihr nicht erwarten, dass sie erst einen gewissen Standard erreicht. Wenn die Menschheit zuerst vollkommen werden müsste, bevor du sie annehmen könntest, bräuchte sie deine Liebe, Zuneigung und Anteilnahme nicht. Doch in ihrem jetzigen unvollkommenen Bewusstseinszustand braucht die Menschheit deine Liebe. Schenke der Menschheit uneingeschränkt selbst die unbedeutendste und begrenzteste Liebe, die du geben kannst. Dies ist die goldene Gelegenheit. Wenn du diese Gelegenheit verpasst, wird dein zukünftiges Leiden für dich unerträglich sein, denn eines Tages wirst du erkennen, dass die Unvollkommenheit der Menschheit deine eigene Unvollkommenheit ist.

O mein Herz
schlaflos lehrst du mich,
meine menschliche Liebe
in Gottes göttlicher Liebe zu verankern.

*Gott der Herr
wird zu Gott dem Sklaven,
sobald wir Ihn seelenvoll lieben.*

Liebe ist der geheime Schlüssel zu Gottes Tür. Wir müssen uns Gott stets durch Liebe nähern. Der erste Schritt ist Liebe, der zweite Schritt ist Ergebenheit, der dritte Schritt ist Selbsthingabe. Zuerst müssen wir Gott lieben, dann müssen wir uns Ihm allein weihen und letztendlich müssen wir zu Seinen Füßen sein und uns erfüllen. Wenn wir mit unumschränkter Liebe durch unser Leben gehen, kann es uns nie misslingen, Gott zu erreichen oder Ihn in unserem eigenen Leben oder in der Menschheit zu erfüllen. Wo reine Liebe, göttliche Liebe ist, da ist Erfüllung. Wo keine göttliche Liebe ist, ist alles Elend, Frustration und letztlich spiritueller Tod.

*Möchtest du Gott entdecken?
Dann brich auf
zu deiner Liebesexpedition.*

*L*iebe hat noch einen anderen Namen: Opfer. Wenn das Opfer rein ist, ist Liebe sicher. Wenn Liebe göttlich ist, kann es im Opfer kein "Mein" und "Dein" geben.

Selbstlos lieben bedeutet zu lieben, ohne etwas dafür zu erwarten; wir werden eins mit dem Gegenstand unserer Verehrung. In dieser Liebe haben wir das subtile Gefühl, dass uns der Geliebte die beste Frucht geben wird, weil wir Ihn nicht mit dummen emotionalen Problemen oder Wünschen wie "Gib mir dies" oder "Gib mir jenes", belästigen. Selbstlose Liebe hat dieses Stadium überwunden. Der Sucher weiß, dass der Supreme ihm etwas Schönes geben wird, etwas, das sich zu besitzen lohnt; er muss um nichts bitten. Das ist selbstlose Liebe.

Du brauchst Gottes Liebe zu dir
nicht zu beweisen.
Fühle einfach, dass du ausschließlich
für Gottes Liebe lebst.

Liebe ist das Geheimnis des Einsseins. Opfer ist die Stärke des Einsseins.

Der allmächtige Vater, der ewig mitleidsvolle Vater gibt uns täglich reichlich Gelegenheit, etwas Neues zu entdecken. Was wir entdecken, ist Liebe, göttliche Liebe. Göttliche Liebe ist gleichzeitig ewig uralt und ewig neu. Wenn wir göttliche Liebe in uns entdecken, wachsen wir in das Abbild von Gott, dem ewig Liebenden, und Gott, dem ewigen Geliebten, der auf ewig in uns wohnt.

Mein höchster Herr,
ich habe Dich nicht verwirklicht,
und ich werde Dich vielleicht
in diesem Leben nicht verwirklichen.
Aber willst Du mir nicht
einen großen Gefallen tun?
Willst Du mir nicht
die Fähigkeit geben,
Dich zu lieben,
Dich einfach zu lieben, einfach nur zu lieben?

Meine Meditation lädt Gott,
den höchsten Gast, ein.
Meine Liebe bedient und bewirtet Gott,
den ewigen Geliebten.

Wenn wir praktizieren, was wir predigen, wird Weisheit unser Bekenntnis. Was wir praktizieren und was wir predigen, sollte dasselbe sein: Liebe. Wir sagen der Welt zwar, sie solle lieben, doch schenken wir selbst der Welt Liebe? Wenn wir jedoch selbst Liebe geben und zu Liebe werden, können wir mit größter Gewissheit erwarten, Liebe in der ganzen Welt zu sehen. Es ist Gottes Kraft der Liebe, die uns veranlasst, an Ihn zu denken, zu Ihm zu beten, auf Ihn zu meditieren und Ihn ganz unser eigen zu nennen. So wie Gott uns aufgrund Seiner eigenen Liebeskraft ganz Sein eigen nennt, so bittet und inspiriert Er uns, Ihn durch unsere Liebe zu Ihm ganz unser eigen zu nennen.

Meine Liebeseinzahlungen
auf Gottes Herzensbank
schenken Gott unendliches Entzücken.

Göttliche Liebe
ist der fließende Strom und
die nie versiegende Quelle des Nektars.

Versuche göttliche Liebe zu entwickeln. Versuche die Menschheit seelenvoll zu lieben. Du magst fragen: "Wie kann ich andere lieben, wenn ich mich selbst nicht lieben kann?" Ich werde dir sagen, wie du dich selbst lieben kannst. Du kannst dich selbst am besten lieben, indem du einfach Gott uneingeschränkt liebst. Du magst fragen: "Wie kann ich Gott lieben, wenn ich nicht weiß, was Liebe ist?" Ich werde dir sagen, was Liebe ist. Liebe ist die verwandelnde Kraft in unserer menschlichen Natur. Liebe verwandelt unser Leben tiefster Knechtschaft in das Leben mächtigster Freiheit. Liebe schreit nach dem Leben. Liebe kämpft für das Leben. Und schließlich wächst Liebe in das ewige Leben hinein.

Der erste und der letzte Schritt
muss seelenvoll und schlaflos
getan werden:
Ich liebe Gott.
Ich liebe Gott bedingungslos.

Gott hat dich geliebt, liebt dich und wird dich immer lieben. Doch du wirst Seine Liebe unendlich stärker fühlen als du sie jetzt fühlst, wenn du nur einmal seelenvoll sagen kannst, dass du von Ihm alleine kommst und für Ihn alleine bist.

Warum sollte Gott mich lieben? Gott liebt mich, weil ich die Menschheit liebe. Es gibt auch noch einen anderen Grund. Gott liebt mich, weil ich Seine gesamte Schöpfung liebe. Ich weiß und fühle, dass Gott nie von Seiner Schöpfung getrennt werden kann. Schöpfer und Schöpfung sind untrennbar eins. Wenn wir die Schöpfung würdigen, ist der Schöpfer erfreut und zufrieden. Wenn wir selbst etwas erschaffen, etwas herstellen oder etwas bauen, wird unsere Errungenschaft geachtet und zutiefst gewürdigt. Wir freuen uns darüber, weil wir die Schöpfer sind. Ebenso ist das Universum Gottes Schöpfung. Wenn wir das Universum lieben, lieben wir gleichzeitig Gott den Schöpfer und Gott die Schöpfung, und beide, der Schöpfer und die Schöpfung, werden mit uns zufrieden sein.

Liebe,
liebe die Welt.
Andernfalls wirst du gezwungen sein,
die schwerste Last zu tragen:
dein eigenes bitteres Selbst.

*Endlos ist meine
Erfüllungsglückseligkeit, wenn ich
bedingungslos nur Gott liebe.
Endlos ist meine
Frustrationszerstörung, wenn ich
schlaflos nur mich selbst liebe.*

Weil ich Gott liebe, liebt mich die Wahrheit. Ohne Gott hat die Wahrheit keine Existenz. Gott ist der eigentliche Atem der Wahrheit. Wahrheit und Gott sind untrennbar eins. Auf der einen Seite ist Wahrheit ein anderer Name für Gott. Auf der anderen Seite kann Wahrheit nicht ohne Gott existieren, wohingegen Gott jederzeit die Wahrheit - irdische und himmlische Wahrheit, erdgebundene und himmelwärts gerichtete Wahrheit - übersteigen kann. Sogar Seine eigene transzendentale Wahrheit kann Gott nach Belieben übersteigen. Obwohl wir mit Sicherheit sagen können, dass Gott und Wahrheit eins sind, hat Gott allein die Macht, alle Wahrheiten zu übersteigen, sogar die Wahrheit selbst. Aus diesem Grund ist Wahrheit ohne Gott hilflos. Wenn wir aber Gott lieben, liebt uns die Wahrheit, denn die Wahrheit wird unmittelbar von unserer strebenden Seele genährt. In Gott ist die Existenz der Wahrheit. Allein durch unsere Anerkennung Gottes wird die Wahrheit genährt. Und die Wahrheit fühlt mit Recht, dass ihre einzigartige Botschaft an die Welt nur verbreitet werden kann, wenn wir ihren Besitzer, Gott, wirklich lieben.

*Hingebungsvolle Liebe,
multipliziert mit Dankbarkeitsleben,
ergibt Gottes höchste Erfüllung.*

Die Liebe des Supreme ist mein Leben.

Weil ich die Wahrheit liebe, liebe ich mich selbst. Ein Mensch ist der Ausdruck von Wahrheit. Er ist nicht der Ausdruck von Unwissenheit, Falschheit, Dunkelheit und Tod. Nein, er ist die Verkörperung, die Verwirklichung und der Ausdruck von Wahrheit - der niederen Wahrheit, der höheren Wahrheit und der höchsten Wahrheit. Jeden Augenblick transzendiert die göttliche Wahrheit in uns ihre Grenzen. Wir sehen, fühlen und erkennen es, wenn wir das innere Leben, das Leben der Seele leben. Weil ich die Wahrheit liebe, liebe ich mich selbst wirklich und wahrhaftig. Mein Dasein und die Wahrheit sind die Vorder- und Rückseite derselben Münze, die das innere Wesen oder die Seele ist - die Vertreterin des Supreme hier auf der Erde.

Wie wirst du den Himmel erkennen?
Du wirst den Himmel durch deine
bedingungslose Einsseinsliebe für die Welt
erkennen.

*G*ottes höchste Liebe manifestiert sich in mir und durch mich, um meine menschlichen Probleme in meine göttlichen Gelegenheiten zu verwandeln.

Ich liebe mich selbst. Was liebe ich an mir? Nicht meinen Körper. Wenn ich meinen Körper um meines Körpers willen liebe, werde ich morgen frustriert sein, weil es Millionen und Abermillionen von Menschen auf der Erde gibt, die schöner sind als ich. Wenn ich meinen physischen Verstand um meines Verstandes willen liebe, werde ich morgen Millionen und Abermillionen von geistigen Riesen vor mir sehen, und die Fähigkeiten meines Verstandes werden zur Bedeutungslosigkeit verblassen. Wenn ich meine vitale Dynamik um ihrer selbst willen liebe, werde ich sehen, dass es Millionen und Abermillionen von Menschen gibt, die geradezu überflutet sind von überwältigender Dynamik. Ebenso werde ich zwangsläufig frustriert sein, wenn ich irgendetwas anderes an mir um seiner selbst willen liebe. Ich werde meine eigentliche göttliche Bestimmung verfehlen. Doch wenn ich mich einfach deshalb liebe, weil Gott sich selbst durch diesen Körper, dieses Vitale, diesen Verstand und dieses Herz ausdrückt, dann sehe ich, dass ich in der ganzen Geschichte des Universums einzigartig und unvergleichlich bin.

Deine Gottesliebe
beschleunigt sich täglich.
Das bedeutet,
dass Gott der Menschheit jeden Tag
in dir und durch dich
ein unendlich bedeutungsvolleres Versprechen gibt.

*Wir brauchen Liebe,
um den Geliebten innen
und den Liebenden außen zu fühlen.*

Jeder Mensch kann sich selbst aus dem einfachen Grund lieben, weil er ein direkter Kanal des Göttlichen ist. Gott möchte Sich in jedem einzelnen Menschen auf einzigartige Weise ausdrücken. Wenn wir bewusst und vollständig mit Gott eins werden, erfüllen wir nicht nur Ihn, sondern auch uns selbst. Wenn ich bekenne, mich wirklich und wahrhaftig zu lieben, weil ich die Wahrheit liebe, so bedeutet das, dass ich bewusst fühle, wie die Wahrheit ständig in mir, mit mir und für mich atmet.

*In deinem Herzensgarten
wachsen viele Liebespflanzen.
Kannst du nicht einige dieser Pflanzen
an Wahrheitssucher
und Gottliebende verschenken?*

*Liebe strahlt ein Leben
der Harmonie aus,
vertieft die Freude des Bewusstseins
und schärft das Schwert der Intuition.*

Mein Lebensatem auf Erden ist die lebendige Wirklichkeit der Wahrheit. Ich liebe und verehre mich in jedem Augenblick - nicht wegen meines gesunden Körpers, meiner dynamischen Lebenskraft, meines klaren Verstandes und meines reinen Herzens, sondern weil Gott in mir ist, weil Gott mich gebraucht, weil Gott sich in mir und durch mich erfüllt. Das ist der einzige Grund, weshalb mein Körper, meine Lebensenergie, mein Verstand und mein Herz von mir geliebt werden und geliebt werden müssen. Jeder einzelne muss von dieser höchsten Wahrheit durchdrungen sein. Er sollte bewusst fühlen, dass sein Leben auf der Erde die äußere Manifestation des inneren Atems des Supreme ist.

*Ein Augenblick der Wahrheit
kann und wird
die Welt verzaubern.*

*Ein Augenblick des Friedens
kann und wird
die Welt retten.*

*Ein Augenblick der Liebe
kann und wird
die Welt vollkommen machen.*

Menschliche Liebe ist ein Schnellzug,
Bestimmungsort: Frustration.
Göttliche Liebe ist ein Bummelzug,
Bestimmungsort: Erleuchtung.

Wenn wir dem Pfad der Liebe folgen, empfinden wir unser spirituelles Leben, unser inneres Leben als zutiefst erfüllend. Hier ist Gott uns der Liebste, nicht, weil Er allmächtig, allgegenwärtig oder allwissend ist, sondern weil Er reine Liebe ist. Wir können uns Gott, unserem ewigen Vater, am erfolgreichsten und am überzeugendsten durch Liebe nähern. Wenn wir uns Ihm durch Liebe nähern, sehen wir, dass Er reine Liebe ist. Und wenn wir nur unsere Augen öffnen und versuchen, Ihn anzuschauen, sehen wir, dass Er unmittelbar vor uns steht, uns segnet und uns umarmt. Er sagt: "Mein Kind, Ich habe die ganze Zeit auf dich gewartet." Hier bedeutet Liebe unser ständiges Gefühl untrennbaren Einsseins mit unserem Geliebten.

*Wenn ich mein Leben
mit Liebe überflute,
sehe ich tief in mir
die Versammlung großer Seelen.*

Zornrote Augen sagen: "Ob du
mich liebst oder nicht,
ich bin gekommen, dich zu töten."
Seelenerleuchtete Augen jedoch sagen:
"Ich sehe Gott in dir und liebe dich,
ob du mich nun tötest oder nicht."

Wenn wir Gott lieben, ist unser Problem gelöst. Wir sehen zwar nicht alle Gott von Angesicht zu Angesicht, aber wir können uns eine flüchtige Sekunde lang vorstellen, dass Gott mit all Seiner Liebe in den uns nahestehenden und geliebten Menschen wohnt. Lasst uns versuchen, das Gesicht unseres Geliebten in den Menschen zu sehen, die uns lieb sind. Dort, wo Liebe, wahre Liebe herrscht, ist alles Einssein.

Lieben muss ich immer.
Wenn ich die Menschheit liebe,
bin ich der Gegenstand ständiger Bewunderung
in der äußeren Welt.
Wenn ich Gott liebe,
bin ich der Gegenstand ständiger Bewunderung
in der inneren Welt.

Keine Liebe für andere zu haben,
ist auf keinen Fall ein Schritt
in Richtung Gottverwirklichung.
Im Gegenteil,
das Gefühl der Verbundenheit
hilft einem Menschen beträchtlich,
im göttlichen Bewusstsein zu leben.

Ergebenheit ist die Intensität in der Liebe, und Selbsthingabe ist die Erfüllung der Liebe. Warum lieben wir? Wir lieben, weil uns in jedem Augenblick der Hunger quält, das Höchste zu verwirklichen, das Innerste zu fühlen, bewusst eins zu sein mit dem Universum, mit der universellen Wahrheit, mit dem universellen Licht, dem universellen Frieden und der universellen Glückseligkeit, und völlig erfüllt zu sein. Wie sollen wir lieben? Falls wir mit der Absicht lieben, etwas von anderen zu erhalten, so ist unsere Liebe keine Liebe. Liebe bedeutet, daß wir uns ständig aus unserem eigenen inneren Streben heraus schenken.

*Willst du
der Liebe Gottes würdig sein?
Dann diene Gott dem Menschen
in Gottes unvollendeter Schöpfung.*

Es ist nicht genug,
Gott im Gottliebenden zu lieben.
Wir müssen Gott auch
im Gotthassenden lieben.

Unsere Vorstellung von Gott ist so sonderbar. Wir haben das Gefühl, Gott sei wie ein Grundschullehrer, der bereit ist, uns grün und blau zu schlagen, falls wir nur einen Millimeter vom Pfad der Wahrheit abweichen. Doch diese Vorstellung von Gott ist absurd. Gott den Tyrannen gibt es nicht. Es gibt nur einen Gott, und dieser Gott ist Gott die Liebe. Dieser Gott bestraft uns nicht. Dieser Gott formt uns in jedem Augenblick auf Seine eigene Weise. Er allein ist der Handelnde, Er allein ist die Handlung und Er allein ist der Genießer, in der Handlung selbst wie auch im Ergebnis. Wir aber haben das Gefühl, dass wir die Handelnden sind und dass uns Gott gnadenlos bestrafen wird, wenn wir etwas falsch machen. Doch das ist nicht der Fall. Jeder Mensch verkörpert Gottes Schauspiel. Es ist Gottes Wirklichkeit, die jeder einzelne hier auf der Erde manifestieren muss. In jedem einzelnen Menschen lebt Gottes Wirklichkeit.

Wenn dich jemand
um deine Freundlichkeit bittet,
weißt du, was du diesem Menschen
tatsächlich gibst?
Du schenkst ihm
deine außergewöhnliche Kraft der Liebe.

Gott hat mir die nötige Liebe gegeben, um die Welt zu lieben.

Du kannst deine Fähigkeit, Liebe zu empfangen, vergrößern, indem du anderen Liebe schenkst. Je mehr du gibst, desto mehr erhältst du. Wenn du also fähig bist, der Menschheit mehr Liebe zu geben, wirst du fähig sein, von der Menschheit zu empfangen. Selbstausdehnung ist Gottausdehnung. Du dehnst deine eigene Wirklichkeit innerhalb von Gottes universeller Wirklichkeit aus. Je mehr Liebe du daher gibst, desto mehr erhältst du von der Menschheit und auch von Gott. Du kannst deine Liebe auf die Menschen verströmen lassen, wenn du jederzeit deinen Geliebten in ihnen sehen kannst. Dein Geliebter ist der Höchste, der Supreme. Wenn du den Supreme in ihnen siehst, wirst du alles für sie tun. Wenn du Schönheit in etwas siehst, wirst du es berühren. Wenn du keine Schönheit siehst, wenn du Dunkelheit und Hässlichkeit siehst, wirst du es nicht berühren. Nur wenn du Gottes Gegenwart in der Menschheit siehst, wirst du die Menschheit lieben. Du musst etwas Göttliches sehen; nur dann wirst du lieben. Wenn du den höchsten Geliebten in jedem einzelnen Menschen sehen kannst, wirst du automatisch Liebe und Achtung für die Menschheit haben.

Der einzig wirkungsvolle Weg,
die Menschen zu lieben,
ist, zuerst schlaflos
Gott zu lieben.

Nur deine eigene Religion zu lieben
bedeutet, die Körperwirklichkeit
der Klang-Trennung zu lieben.
Alle Religionen gleich zu lieben
bedeutet, die Seelen-Unsterblichkeit
des Stille-Einsseins zu lieben.

Gott die Liebe ist in allem, was wir sehen. Wenn wir Ihn lieben
- und wir lieben Ihn, weil Er reine Liebe ist -, dann lieben wir
auch, was immer Er erschaffen hat. Weil Er überall, weil Er
allgegenwärtig ist, muss Er auch in Seiner Schöpfung sein. Wenn
du daher Gott die Liebe lieben kannst, vergrößerst du automatisch deine Liebe für alles. Gott die Liebe umarmt alles und ist
in allem. Wenn dir daher die Quelle, der Schöpfer, wichtig ist,
ist dir auch die Schöpfung wichtig.

Es ist unter der Würde
eines liebenden Herzens,
irgendeine Verkleidung zu tragen.

Menschliche Liebe ist oft die schreckliche Anziehung von Körpern und Nerven. Göttliche Liebe ist die ewigblühende Anziehung von Seelen.

Du kannst nur dann tiefe Liebe für die ganze Menschheit empfinden, wenn du die Quelle liebst. Gott hat uns erschaffen, nicht wir haben Gott erschaffen. Um die Menschheit zu lieben, musst du daher zur Quelle der Menschheit, zu Gott gehen. Nur wenn du die Wurzel liebst, kannst du den Baum lieben. Die Wurzel ist in diesem Fall Gott. Nur wenn du dir der Quelle und der Eigenschaften der Quelle bewusst bist, kannst du die Menschheit wirklich lieben. Du kannst keinen Menschen lieben, wenn du nicht zuerst Gott liebst. Wenn es dir gelingt zu fühlen, dass du Gott liebst, Gott allein und niemanden sonst, dann liebst du alle Menschen, denn Gott wohnt in allen Menschen.

*Das Leben
kann stärker sein
als der Tod,
wenn der Mensch
sorgfältig und unfehlbar
die Sprache der Liebe lernt.*

*R*eine Liebe und unsägliches Leid
können nicht zusammenleben.
Reine Liebe ist das ständige Einssein
des Körpers mit der Wonneflut der Seele.

Nur wenn ich fühle, dass mich Gott wirklich liebt, kann ich wahrhaft und bleibend glücklich sein. Der Schöpfer ist voller Liebe
für seine Schöpfung, doch die Schöpfung fühlt oder erkennt dies
sehr oft nicht. Als ein Teil von Gottes Schöpfung ist es meine
Pflicht, Gottes Liebe in jedem Augenblick zu fühlen. Nur dann
werde ich versuchen, gut, göttlich und vollkommen zu werden
und Ihm auf Seine eigene Weise zu gefallen.

Der Mensch mit der höchsten Machtfülle
weiß, dass sein Leben
ohne Liebe
trocken und stauberfüllt ist.

Wie überwindest du zerstörerische Kritik? Liebe einfach ein bisschen mehr. Das ist alles.

Du kannst für die göttliche Liebe empfänglicher sein, wenn du jeden Tag fühlen kannst, dass deine Quelle reine Liebe ist und dass du hier auf der Erde bist, um ständig - im Denken und im Handeln - die Liebe zu geben, die du bereits besitzt. Du hast in jedem Augenblick viele Gedanken, also kannst du durch jeden dieser Gedanken Liebe schenken. Jedesmal wenn du etwas tust, kannst du fühlen, dass diese Handlung nichts als ein Ausdruck von Liebe ist. Liebe durch Gedanken und Handlungen anzubieten, ist im Augenblick in deinem Leben von allergrößter Wichtigkeit. Wenn du in deinen Gedanken und Handlungen fühlen kannst, dass du der Menschheit, dem Rest der Welt Liebe anbietest, kannst du für die universelle Liebe empfänglicher sein. Auf diese Weise kannst du fühlen, dass Gottes göttliche Liebe ganz für dich ist.

*Wenn du in einer Aura der Liebe
arbeiten willst,
dann lade deine Seele
jeden Morgen ein,
deinen Verstand zu erleuchten.*

*Liebe besiegt alles,
was nicht Gott ähnlich ist.
Sie steht in der Tat erhaben über allem.*

Nur wenn wir Frieden haben, können wir lieben. Wenn eine Mutter inneren Frieden hat, liebt sie ihr Kind. Wenn sie keinen Frieden hat, schlägt sie ihr Kind links und rechts. Wo ist in diesem Augenblick ihre Liebe? Sie mag dem Kind sagen: "Das ist zu deinem eigenen Wohl." Aber nein, ihr Mangel an Weisheit, ihre eigene ungöttliche Natur veranlasst sie, ihr Kind zu schlagen. Wenn die Mutter in grenzenlosem Maße Frieden besitzt, wird sie ganz natürlich für ihre Kinder ein ununterbrochener und ständiger Ausdruck von Liebe sein.

*Welchen Herrn möchtest du?
Den zweifelnden Verstand.
Welchen Herrn brauchst du?
Das liebende Herz.*

Liebe ist das einzige Gesetz.

Wir lieben Gott, weil wir fühlen, dass Er reine Liebe ist. Weil wir Gott lieben, fühlen wir, dass es unsere Pflicht ist, uns Ihm zu weihen und Ihn zu erfreuen. Wir erkennen aber, dass unsere Liebe und unser Dienst nicht genügen: Selbsthingabe ist ebenfalls nötig. Wenn wir unseren individuellen Willen nicht Seinem Willen hingeben, werden wir viele Fehler begehen, wenn wir auf unsere eigene, unerleuchtete Weise versuchen, Ihn zu lieben und Ihm zu dienen. Geben wir uns aber Seinem Willen hin, so werden wir Ihn auf diejenige Weise lieben, die Er für uns auserwählt hat und die für uns die richtige ist.

*Ein Gesicht der Liebe
zu sehen
bedeutet, ein Herz des Friedens
zu fühlen.*

Dank deiner ständigen und bedingungslosen Liebe zu Gott kann dich niemand dazu bewegen, etwas Falsches zu tun.

Ich betete zu Gott um Macht. Er sagte: "Nimm sie und gebrauche sie." Ich betete zu Gott um Licht. Er sagte: "Nimm es und verbreite es." Ich betete zu Gott um Frieden. Er sagte: "Nimm ihn und enthülle deine Göttlichkeit." Ich betete zu Gott um Seligkeit. Er sagte: "Nimm sie und bleibe in deiner Quelle." Ich betete zu Gott um Liebe. Er sagte: "Nimm Mich, Ich bin dein."

Mein Verstand denkt,
Gott sei schön,
weil
mein Herz Gott liebt.

Mein Herz weiß,
dass Gott schön ist,
weil
meine Seele Gott liebt.

Liebe zu Gott
ist die größte Gelegenheit des Suchers,
Gott zu verwirklichen.

Das Herz fliegt, weil es liebt. Was liebt es? Es liebt Einssein - Einssein innen, Einssein außen, Einssein mit dem inneren Führer, seinem geliebten Supreme. Gerade weil es Einssein liebt, und gerade weil es den geliebten Supreme ständig, rückhaltlos und bedingungslos liebt, ist es fähig, in jedem Augenblick im Firmament des all-erleuchtenden Bewusstseins zu fliegen.

Mein Herz sagt zu meinem Verstand:
"O mein suchender Verstand,
gib dich nicht zufrieden
mit deiner gegenwärtigen Errungenschaft.
Du willst den inneren Führer
am meisten lieben,
doch das reicht nicht aus.
Du musst den inneren Führer
allein lieben."

Wenn die Macht der Liebe
die Liebe zur Macht ersetzt,
wird der Mensch
einen neuen Namen haben:
Gott.

Wenn wir Gott von Angesicht zu Angesicht sehen, bittet Er uns, Ihm zu geben, was wir haben. Wenn wir Ihm unseren wahren Reichtum, ein Herz der Liebe, geben können, nimmt Er es sofort an und sagt: "Du hast deine Prüfung bestanden." Wenn wir Gott hingegen all unseren weltlichen Besitz, unsere physischen, vitalen und mentalen Besitztümer geben, Ihm aber keine Liebe schenken, wird Er nicht zufrieden sein. Gott wird sagen: "Nein, bring mir dein Herz der Liebe, das ist dein wahrer Reichtum. Und wenn Ich einmal deinen wahren Reichtum besitze, werde Ich dir Meinen Reichtum schenken - Licht und Glückseligkeit in unendlichem Maße."

Wenn du ein aufrichtiger Gottliebender bist,
dann sei in jedem Augenblick
auf die herannahende Stunde Gottes
vorbereitet.

Juli

Licht

Licht ist die wirkliche Nahrung.

Von allen göttlichen Eigenschaften wird Licht leider am wenigsten gesucht, obwohl es am dringendsten gebraucht wird. Die Menschen wollen Frieden, Freude oder Kraft, aber nur sehr selten wollen sie Licht. Unbewusst oder bewusst fürchten sie sich vor dem Licht. Sie fühlen, dass die Fülle des Lichts den Unwissenheitsbaum, den sie verkörpern, entwurzeln wird. Sie fürchten, dass das göttliche Licht ihre Unvollkommenheiten, Begrenzungen und ihr Verhaftetsein bloßstellen wird. Doch dem ist nicht so. Das göttliche Licht umarmt die Welt in all ihrer Unwissenheit. Mehr noch, das göttliche Licht empfindet es als seine heilige Pflicht, das menschliche Bewusstsein in die Fülle des göttlichen Lebens zu erheben.

Wenn du ein Sucher
des Stille-Lichts bist,
wird dir Gott
eine ewige Morgendämmerung
in Seinem universellen Herzen gewähren.

Licht ist das Leben der inneren Welt.

Wenn wir die innere Erfahrung von Licht erhalten, erkennen wir, dass das Endliche das Unendliche verkörpern und enthüllen kann und gleichzeitig das Unendliche seine Unendlichkeit, Ewigkeit und Unsterblichkeit in und durch das Endliche manifestieren kann. Wenn wir die Erfahrung von innerem Licht machen, haben wir beständig das Bedürfnis zu wissen, ob wir für Gott arbeiten, ob wir unentwegt Gottes Seite einnehmen oder ob Gott unsere Seite einnimmt. Wenn wir einmal inneres Licht erfahren haben, wollen wir immer Gottes Seite einnehmen. Wir wollen nicht und lassen nicht zu, dass Gott unsere Seite einnimmt. Das ist die Erfahrung, die alle anderen Erfahrungen übersteigt. Wenn man die volle innere Erfahrung von unendlichem Licht erhalten hat, nimmt man immer die Seite des Supreme ein.

*Wenn du
dein zielloses Umherwandern auf Erden
nicht einschränkst,
wirst du
das Schiff des Vollkommenheitslichts
nicht auslaufen lassen können.*

Auf Erden gibt es nichts Schöneres als Gottes Geduldslicht.

Du willst das Licht sehen. Du versuchst, entweder in die Weite des Lichts einzutreten oder das Licht, das du bereits besitzt, zum Vorschein zu bringen. Wunderbar! Doch viele Menschen fürchten das Licht. Sie sagen: "Ja, wir wollen Licht." Doch sobald Licht zu ihnen kommt, haben sie das Gefühl, bloßgestellt zu werden. Die Menschen meinen, wenn sie sich in einem dunklen Raum verstecken können, seien sie in der Lage, die Welt zu sehen und zu beurteilen, ohne selbst von jemandem gesehen zu werden. Das ist ihre Hoffnung. Sie empfinden ihre Dunkelheit als eine Art Sicherheit und Schutz. Wenn Licht kommt und bereit ist, in sie einzutreten, glauben sie, all ihre Schwächen und Begrenzungen, all ihre negativen Ideen und negativen Gedanken würden bloßgestellt werden. Doch die eigentliche Aufgabe des Lichts ist es zu erleuchten, nicht bloßzustellen, und unsere negativen und zerstörerischen Gedanken in gute und positive Gedanken zu verwandeln.

Die Zeit wird bald verstreichen,
wenn du nicht beginnst,
für Gottes Erfüllungslicht
im Innern der Strebsamkeitshöhe
deines Herzens zu leben.

Im Himmel gibt es nichts Schöneres als Gottes Mitleidslicht.

Du willst wissen, wie du Licht empfangen oder Licht zum Vorschein bringen kannst. Dazu ist Vorbereitung nötig. Und wie sieht diese Vorbereitung aus? Die Vorbereitung ist deine reine Konzentration, deine reine Meditation. Versuche zu Beginn deiner Meditation oder Konzentration zu fühlen, dass du vom Licht gekommen bist und dich im Licht befindest. Dies ist nicht deine Fantasie, dies ist keine geistige Halluzination. Weit davon entfernt! Es ist eine wirkliche, solide, konkrete Wahrheit, dass du Licht verkörperst und dass du selbst Licht bist. Du wirst einen spontanen Fluss von Licht aus dem Inneren wahrnehmen. Zuerst wirst du es in deinem Herzen spüren. Dann wirst du es in deiner Stirn, im dritten Auge fühlen, und schließlich wirst du es überall in deinem ganzen Wesen fühlen.

Dunkelheit ist Licht:
das denkt mein Verstand.
Licht ist Glückseligkeit:
das fühlt mein Herz.

In mir gibt es nichts Schöneres als Gottes Vergebungslicht.

Es gibt noch einen anderen Weg, Licht zu sehen. Versuche bitte beim Einatmen zu fühlen, dass du etwas einatmest, das alles reinigt, was in dir gereinigt werden muss, und gleichzeitig allem, was danach hungert, Energie schenkt. Am Anfang gibt es einige Dinge in dir, die gereinigt werden müssen. Es gibt einige Dinge, die hungern. Wenn du also fühlst, dass du dich nährst, mit Tatkraft erfüllst und dich gleichzeitig reinigst, wirst du sehen, dass das Licht ganz natürlich wird.

Er war Gottes Mitleidslicht treu.
Deshalb
machte Gott sein Leben
unvergleichlich schön.

Wenn Licht in unser physisches Bewusstsein eintritt, verschwindet unweigerlich jede Art von Angst.

Im spirituellen Leben wollen wir Gott, doch sobald wir nur ein wenig von Seinem unendlichen Licht sehen, erschrecken wir zu Tode. Wir haben das Gefühl, all unsere Unvollkommenheiten würden bloßgestellt werden. Stattdessen sollten wir jedoch immer fühlen, dass Gottes Licht nur da ist, um uns zu erleuchten. Es gibt keine Grenzen für unsere Errungenschaft, keine Grenzen für unsere Verwirklichung, keine Grenzen für unsere Gottmanifestation, weil das Licht in unserem Inneren uns ständig führen wird. Wir brauchen uns also vor nichts zu fürchten.

Als der Verstand
das Herz vom Licht der Seele
überflutet sah,
verwünschte er sich selbst:
"Ach, warum bin ich so dumm!
Warum besuche ich meine Seele
nicht jeden Tag?"

Wenn wir beten und meditieren, empfangen wir Licht, und alles wird klar.

Manchmal kann sich der Strebende Gott vorstellen, und manchmal kann es sein, dass der Strebende trotz seiner äußeren Bemühungen Gottes Gegenwart in sich nicht spürt. Er vergisst vielleicht sogar ab und zu, dass Gott überhaupt existiert. Doch er muss sich immer bewusst sein, dass er eine Quelle hat, und diese Quelle ist Licht, grenzenloses Licht. Viele Jahre lang hat er in den Vergnügungen der Unwissenheit geschwelgt, und noch hat er die Unwissenheit nicht abgeschüttelt. Trotzdem sollte er fühlen, dass seine Quelle nicht Unwissenheit ist; seine Quelle ist Licht und Glückseligkeit. Er ist für diese Quelle bestimmt, und er macht eine bewusste Anstrengung, zu dieser Quelle zurückzukehren. Während er zur Quelle zurückkehrt, manifestiert er Gottes Glückseligkeit hier auf der Erde. Selbst jetzt befindet er sich noch bis zu einem gewissen Grad in Unwissenheit, doch ist er immer für das Gott-Leben und immer für das Gott-Licht. Wenn er sich das in Erinnerung rufen kann, wird er ein beständiges Gefühl von Erfüllung in seinem Leben haben. Er wird in seinem äußeren Leben Licht, mehr Licht, überwältigendes Licht, unendliches Licht fühlen.

Sein Herz sehnt sich danach,
die Stimme des Stille-Lichts
zu hören.
Seine Seele sehnt sich danach,
Gottes Erfüllungswonne
zu werden.

Die äußere Erfahrung von Licht
ist die Umwandlung bindender Wünsche
in befreiende Freiheit.
Die innere Erfahrung von Licht
ist die Verwandlung des Schicksals
der Erde in das Antlitz Gottes.

Um auf eine Eigenschaft wie Licht zu meditieren, versuche dir als erstes vorzustellen, was geschehen wird, wenn diese Eigenschaft in dich einströmt. Versuche dir vorzustellen, was geschehen wird, wenn Licht in dich eintritt. Die Antwort lautet, dass Erleuchtung stattfinden wird. Stelle die Erleuchtung vor dein geistiges Auge und fühle, dass du langsam, stetig und unfehlbar in die Erleuchtung selbst hineinwächst. Auf diese Weise wird dir die Vorstellung die Botschaft der Wirklichkeit geben. Dann musst du diese Wirklichkeit als dein wahres Selbst fühlen und dir vorstellen, dass du in diese Wirklichkeit hineinwachsen musst.

Wie flüchtig dein Lächeln
auch sein mag,
es ist der Anfang
deines Weisheitslichts.

*Wenn du dich
innerlich ausdehnen willst,
wird das innere Licht
dich unweigerlich führen
und erleuchten.*

Der Verstand braucht eine höhere Kraft, die ihn zum Schweigen bringt. Diese höhere Kraft ist die Kraft der Seele. Wir müssen das Licht der Seele zum Vorschein bringen, welches grenzenlose Kraft besitzt. Wenn jemand in der äußeren Welt an Stärke und Kraft überlegen ist, versucht er den Unterlegenen zu bestrafen. In der spirituellen Welt jedoch wird das Licht der Seele den Verstand nicht quälen oder bestrafen. Es wird im Gegenteil wie die liebevollste Mutter fühlen, dass die Unvollkommenheiten ihres Kindes ihre eigenen Unvollkommenheiten sind. Das Herz wird die Unklarheit, Unreinheit und Dunkelheit des Verstandes als seine eigenen Unvollkommenheiten empfinden, und gleichzeitig wird es in der Lage sein, dem Verstand sein Licht anzubieten. In absoluter Stille wird das Herz versuchen, die Natur des Verstandes zu verwandeln.

*Warte nicht tatenlos
auf das Licht des Fortschritts,
sonst wirst du für immer
ein jämmerlicher Versager bleiben.*

Der Tanz des Lichts
erweckt die Flügel des Lebens,
sich in die Stille des absoluten Supreme
emporzuschwingen.

Die Quelle des höheren Lichts ist die Seele. In dem Augenblick, in dem wir freien Zugang zu unserem inneren Wesen oder zur Seele erhalten, werden wir sehen, dass dieses Licht zum Vorschein kommt und unsere gesamte äußere Existenz durchdringt.

Sage "Nein",
wenn du musst,
sage "Ja",
wenn du willst.
So kannst du
in deiner Welt der Selbstwidmumg
erfolgreich sein.
So kannst du
in deiner Welt der Selbsterleuchtung
voranschreiten.

Das reinste, höchste Licht ist das Licht des absoluten Supreme.

Das Licht des Supreme kann gesehen und gleichzeitig gefühlt oder erfahren werden. Wenn wir unser ständiges, ewiges und untrennbares Einssein mit dem Supreme gefestigt haben, erhalten wir die Erfahrung von reinstem Licht. Wenn wir das reinste Licht definieren müssen, können wir sagen, dass es nichts anderes ist als eine Erfahrung des Supreme im Supreme. Wenn wir bewusst unser bleibendes und vollständiges Einssein mit dem absoluten Supreme fühlen, erhalten wir eine ewige und immerwährende Erfahrung von wahrem, reinstem Licht, und das reinste Bewusstsein des Höchsten wird uns zur Verfügung gestellt.

Im Stille-Licht
spielt die Seele
ihre eigene göttliche Musik
für die vollständige Umwandlung
des Körpers, der Lebensenergie, des Verstandes
und des Herzens.

Wir brauchen Licht,
um den Schöpfer innen
und die Schöpfung außen
zu erkennen.

Durch unseren inneren Schrei erlangen wir die Erfahrung von reinstem Licht. Wenn wir für äußeren materiellen Wohlstand oder Macht arbeiten, erhalten wir diese äußeren Dinge letztlich auch. Wenn wir etwas erreichen wollen, müssen wir dafür arbeiten. Im Augenblick ist unser Ziel reinstes Licht. In diesem Fall besteht unsere Arbeit darin, innerlich zu schreien. Wir müssen innerlich wie ein Kind nach untrennbarem Einssein mit dem Supreme schreien. Wenn ein Kind etwas will, schreit es, und die Mutter kommt. Egal, wo sie sich befindet, sie kommt und gibt dem Kind, was immer es will. Ebenso wird auch unsere Bitte erfüllt werden, wenn wir in den tiefsten Tiefen unseres Herzens schreien. Doch alles hängt von der Aufrichtigkeit unseres inneren Schreis ab. Wenn unser Schrei aufrichtig ist, wird Gott ihn unweigerlich erfüllen. Wenn wir innerlich nach spirituellen Dingen - nach Frieden, Licht und Seligkeit - schreien, werden wir diese göttlichen Eigenschaften unweigerlich erlangen.

Nähre deinen Verstand
mit der Erleuchtungslicht-Nahrung
deiner Seele.
Du wirst der glücklichste Mensch
in Gottes gesamter Schöpfung sein.

*Wenn ein Mensch
im Meer des Lichts seiner Seele lebt
und schwimmt, ist er reine Dankbarkeit.
Er ist der ständige Ausdruck und
die spontane Enthüllung von Gott dem
Empfänger und Gott dem Vollbringer.*

Licht ist die Kraft des Supreme, die Unwissenheit erleuchtet und verwandelt. Licht ist die Fähigkeit des Supreme, die Dunkelheit in Erleuchtungslicht verwandelt. Alles, was unsere Existenz verwandelt, ist Licht. Man kann sagen, Licht ist der Lebensatem des Supreme. Jede Farbe hat eine besondere Bedeutung. Blaues Licht bedeutet Unendlichkeit und Weite, weißes Licht ist Reinheit, grünes Licht bedeutet Frische, Lebensenergie und neues Leben. So hat jede Farbe eine bestimmte Bedeutung.

*Ich sehe nicht mehr
die Sorgenbrücke
über dem aufgewühlten Fluss meines Lebens,
denn Gott hat
mit seinem Mitleidslicht
eine Brücke gebaut.*

Wenn der Verstand und der Tod
transzendiert sind, wird der Mensch
eine neue Heimat haben:
Licht – das Licht des Jenseits.

Wenn du meditierst, wirkt Licht in dir und durch dich. Das Licht, das du während deiner Meditation erhältst, steht nicht nur dir, sondern auch anderen zur Verfügung. Wenn du das Gefühl hast, dass du das empfangene Licht nach deinem eigenen Gutdünken verwenden kannst, so ist das die falsche Einstellung. Gott gibt uns Licht, und Er gebraucht dieses Licht in und durch uns für andere. Tatsächlich missbrauchen wir Licht manchmal. Wir missbrauchen Licht, wenn wir die Welt um unserer selbst willen besitzen wollen. Wenn wir jedoch die Welt um Gottes willen annehmen wollen, werden wir Licht niemals missbrauchen. Wenn wir die Welt wirklich für Gott annehmen wollen, versuchen wir nicht, die Welt zu besitzen. Wir springen bewusst in das Meer der Stille und der Aktivität. Gott gibt uns die Gelegenheit in Form von Licht, damit wir in die weite Welt hinaustreten können. Zu diesem Zeitpunkt besitzen wir nicht; wir wenden nur unser Gefühl des Einsseins an.

Gott ist nun Licht,
Glückseligkeit, Glückseligkeit,
mein Ein und Alles.
Gott ist nun Licht.

Die äußere Erfahrung von Licht ist augenblickliche Inspiration. Die innere Erfahrung von Licht ist ewigwährendes Streben.

Wenn du wirkliches Licht siehst, reines, göttliches Licht, dann sei versichert, dass es dein Verstand nicht anzweifeln kann. Der Verstand besitzt nicht die Fähigkeit, göttliches Licht anzuzweifeln, während du es siehst. Wenn du es anzweifelst, während du es siehst, bedeutet das, dass du nicht das wahre Licht siehst. Der Glanz des Lichts ist so stark, dass kein Misstrauen oder Zweifel aufkommen kann. Wenn es das absolut reinste Licht des göttlichen Bewusstseins ist, kannst du es nicht anzweifeln, während du es siehst. Wenn das echte Licht, das göttliche Licht, das höchste Licht erscheint, ist der Verstand ausgelöscht; er arbeitet überhaupt nicht mehr. Der Verstand kann nicht bestehen, wenn das göttliche Licht kommt. Das gesamte Wesen wird ganz Seele, ganz Herz, ganz Einssein.

Wenn dein Leben
nicht von Gottes Mitleidslicht
durchdrungen ist,
wird dein Leben
vom Unwissenheitsatem
vergiftet werden.

Die eigentliche Aufgabe
von spirituellem Licht ist,
unsere Dunkelheit zu erleuchten
und zu verwandeln.
Spirituelles Licht, inneres Licht
erleuchtet unsere uralte Knechtschaft
und uralten Unvollkommenheiten.

Der Verstand hat die Fähigkeit, göttliches Licht im nachhinein anzuzweifeln. Zuerst siehst du das Licht, und in diesem Augenblick ist der Verstand göttlich. Dann, zwölf Stunden oder vielleicht auch nur fünf Minuten später, wird der Verstand Kraft sammeln und versuchen, Misstrauen in deine Erfahrung des Lichts zu werfen. Wenn dein Bewusstsein sinkt, wenn das Licht dein physisches Gewahrsein verlässt, dann kannst du das Licht, das du gesehen hast, anzweifeln. Wenn Gott in diesem Augenblick vor dir steht, wirst du Ihn nicht anzweifeln. Doch sobald Gott aus deinem äußeren Blickfeld verschwindet, kannst du Gott anzweifeln.

Wenn du deinen Verstand
mit dem transzendentalen Licht der Seele
durchdringen kannst,
wirst du leicht
die universelle Frage
beantworten können:
"Wer bin ich?"

Wenn wir das göttliche Licht sehen, sind wir glücklich. Wenn wir das göttliche Licht fühlen, werden wir stark. Und wenn wir in das göttliche Licht wachsen, wird unser Leben fruchtbar.

Aufgrund deines Einsseins mit deinem Körper zweifelst du nicht an deinen Augen und an deiner Nase. Du weißt, dass du ein Teil deines Körpers bist und dass dein Körper Teil deines Lebens ist; daher zweifelst du nicht. Genauso ist göttliches Licht deine wahre Existenz. Wie kannst du deine eigene Existenz leugnen oder bezweifeln? Doch wenn die Erfahrung vorüber ist, wenn du das Licht nicht mehr als dein eigen fühlst, kann der Verstand Misstrauen und Zweifel in dich werfen.

*In der Welt des Lichts
fliege ich von Gipfel zu Gipfel.
In der Tat,
das ist mein Vollkommenheits-Fortschritt.*

*In der Welt der Nacht
stolpere ich vom Frustrationsfenster
zur Zerstörungstür.
In der Tat,
das ist meine Errungenschafts-Erfahrung.*

*Wenn wir danach schreien,
das transzendentale Licht zu sehen,
und versuchen, unsere äußere Natur
zu vervollkommnen, bleibt unsere
Vollkommenheit kein fernes Ziel.*

"Stoße nicht und ziehe nicht!" Spiritualität ist eine Sache des Annehmens und des Umwandelns. Wir nehmen unser Leben an, wie es ist, und versuchen es dann umzuwandeln. Doch wir tun es nicht auf Biegen und Brechen. Das göttliche Mittel dazu ist Strebsamkeit. Wenn wir über unsere Fähigkeit hinaus ziehen, werden wir zerbrechen. Wenn ein Kind etwas sehr Schweres tragen will, das seine Kraft übersteigt, wird es leiden. Kleine und stetige Schritte führen letztlich zum Ziel. Hier bedeutet Fähigkeit Empfänglichkeit. Wenn wir große Empfänglichkeit entwickeln, werden wir fähig sein zu assimilieren - ganz gleich, wie hoch unsere spirituelle Höhe ist oder wieviel wir von oben herabbringen. Wenn das Gefäß sehr groß ist, brauchen wir uns keine Sorgen zu machen. Wenn wir also danach streben, zur höchsten Höhe emporzusteigen, müssen wir nach Ausdehnung streben. Nicht nur Anfänger, auch hochentwickelte Sucher haben bedauernswerte Erfahrungen gemacht. Das Physische ist nicht weit genug, um den Frieden, das Licht und die Kraft aufzunehmen, die das Psychische herabbringt. Zwischen der Fähigkeit des Körpers und der Fähigkeit des Herzens sollte daher eine vollkommene Harmonie herrschen.

*Liebe ist Leben.
Leben ist Licht.
Licht ist Gottes Meditation
und des Menschen Rettung.*

Wir brauchen das erleuchtende Licht der Seele, um in das unsichtbare Universum einzutreten.

Wenn wir wirklich das innere Licht wollen, wenn wir wirklich den inneren Schrei haben, Gott von Angesicht zu Angesicht zu sehen, dann kann es im Himmel und auf Erden nichts geben, das uns zurückweisen, das das innerste Streben unserer Seele zurückweisen könnte. Jeder Mensch besitzt begrenzte Freiheit. Diese Freiheit kann entweder zum Streben oder zum Begehren verwendet werden. Wenn wir begehren, werden dichte Wolken zweifellos unsere Weisheitssonne verfinstern. Wenn wir streben, wird Gott, der innere Führer, uns inspirieren, schnell, schneller, am schnellsten unserem vorausbestimmten Ziel, dem Ziel des Jenseits, entgegenzulaufen.

O Vogel des Lichts, o Vogel des Lichts,
tritt wieder ein in mein Herz
mit deinen leuchtenden und wallenden Flammen!
Du rufst mich, emporzusteigen
und hinaufzufliegen in das Blau -
aber wie kann ich das?
Mein Herz ist gefangen
im erstickten Atem eines winzigen Raumes.
O Vogel des Lichts, o Vogel des Lichts,
o Vogel des allerhöchsten Lichts,
ich bete zu dir: lass in mir
nicht eine Spur von Dunkelheit.

Wir brauchen reine Gedanken,
um unser Leben zu erleuchten.
Jeder reine Gedanke ist wertvoller
als alle Diamanten der Welt,
denn Gottes Atem wohnt nur
in den reinen Gedanken des Menschen.

Wir können nur in unserem inneren Sein zu einem diamantenen Willen wachsen; und wenn wir unseren diamantenen Willen gebrauchen, über den wir leicht verfügen können, können wir den Lebensatem der Angst besiegen. Unser innerer diamantener und unbezähmbarer Wille kann und wird hier auf der Erde erhaben herrschen. Wir brauchen nur eines: ein bewusstes Gewahrsein des göttlichen Lichts, das uns gehört. Es ist unser Geburtsrecht, dieses innere Licht zu verwirklichen und zu erfüllen.

Die Augenblicke von Gottes Gerechtigkeitslicht
sind kurz, sehr kurz.
Die Tage von Gottes Mitleidshöhe
sind lang, sehr lang.

Ohne Licht kann im spirituellen Leben
nichts erreicht werden.
Mit Licht kann alles erreicht werden.
Im Licht ist alles bereits vollbracht.

Es kann nicht die geringste Spur von Angst geben, wenn wir im Glanz unserer Seele leben. Um ständig im göttlichen Glanz unserer Seele zu leben, brauchen wir nur eines: einen bewussten inneren Schrei. Dieser innere Schrei heißt Strebsamkeit, die aufsteigende Flamme tief in uns. Wenn diese Flamme zum Höchsten emporsteigt, erleuchtet sie alles um sich herum. Dunkelheit wird in Licht verwandelt, Angst in Stärke, Zweifel in Sicherheit, Unwissenheit in Weisheit und Tod in Unsterblichkeit.

Wie kannst du die Angst besiegen?
Mit Einssein innen
und Einssein außen.
Im Einsseinslicht
kann es keine Angst geben.

Licht lässt uns fühlen,
dass wir alles sind,
dass wir alles tun können,
dass wir alles werden können.

Manche Menschen sehnen sich aufrichtig nach Licht, doch sie erhalten kein befriedigendes Ergebnis, weil Gottes auserwählte Stunde noch nicht gekommen ist. Wenn ein Bauer glaubt, er müsse noch am selben Tag, an dem er mit harter Arbeit sein Land zu bebauen beginnt, eine reiche Ernte erhalten, wird er genug haben und sein Feld verlassen, wenn er nach ein paar Wochen aufrichtiger Anstrengung keine Resultate sieht. Obwohl Aufrichtigkeit wichtig ist, bleibt auch Zeit ein wichtiger Faktor. Das Feld kann nur zu Gottes eigener Zeit eine zufriedenstellende Ernte hervorbringen. Wenn wir zu hundert Prozent hingegeben sind, werden wir bereit sein, ewig auf Gottes Stunde zu warten, falls wir die zufriedenstellenden Ergebnisse nicht erhalten.

Gott gab mir das Herz des Lichts,
um zu leben,
zu schreien
und erfolgreich zu sein.

Gott gab mir das Licht des Herzens,
um zu sein,
zu lächeln
und voranzuschreiten.

Unser ständiges und untrennbares Einssein mit dem Bewusstseinslicht kann und wird unsere Errungenschaft im Herzen beschleunigen.

Was wir wirklich brauchen, ist Licht. Doch wenn das Licht nicht kommt, müssen wir bereit sein, bis in alle Ewigkeit darauf zu warten, dass unendliches Licht unser inneres und äußeres Wesen überflutet. Die Falschheit wird sofort sehen, dass wir bereit sind, Millionen von Jahren zu warten, um im Meer des Lichts zu baden, und sie wird ihr Interesse an uns verlieren. Wenn Gott will, kann Er uns auf der Stelle geben, worum wir bitten; doch wenn Er fühlt, dass dies noch nicht der passende Zeitpunkt ist, müssen wir warten. Mit Geduld, die selbst eine Ausdehnung von Licht und Bewusstsein ist, können wir das Licht, das wir besitzen, und das Licht, das in uns eintritt, vermehren.

*Geduldslicht
ist der schlaflose Atem
meines selbstgebenden Herzens
für meinen geliebten Supreme.*

Unsere Liebe zum Bewusstseinslicht kann und wird unsere Errungenschaft im Körper beschleunigen.

Das erste, was wir in unserem Leben tun müssen, ist beten und meditieren. Wenn wir früh am Morgen zu Gott beten, betreten wir die Welt der Quelle. Dann versuchen wir, das Licht, das wir von unserem Gebet und unserer Meditation erhalten haben, der Welt um uns herum anzubieten. Zuerst erlangen wir etwas, und dann verschenken wir es. Wenn ich kein Licht besitze, was werde ich dann geben können?

Der Morgen ist die Zeit,
Gottes Liebeslicht anzunehmen.
Der Mittag ist die Zeit,
Gottes Liebeshöhe zu werden.
Der Abend ist die Zeit,
Gottes Liebesglückseligkeit auszustrahlen.

Unsere Hingabe an das Bewusstseinslicht kann und wird unsere Errungenschaft im Vitalen beschleunigen.

Lasst uns unendliche Geduld und grenzenlosen Mut auf unserer Suche nach dem inneren Licht haben. Doch wenn sich das Licht nicht einstellt, lasst uns keinerlei Kompromisse mit der Dunkelheit und der Falschheit schließen. Wir müssen bereit sein, unser Leben für unser Ziel des göttlichen Lichts zu opfern. Dann wird die Wahrheit für immer die Schlacht gegen die Falschheit gewinnen.

Um den Tod zu entwaffnen,
muss das menschliche Herz
schlaflos
zu Gottes Mitleid beten,
und das menschliche Leben muss sich
bedingungslos
Gottes Licht hingeben.

Unsere Selbsthingabe an das Bewusstseinslicht kann und wird unsere Errungenschaft im Verstand beschleunigen.

Wenn du etwas Falsches getan hast, betrachte es als Vergangenheit. "Vergangenheit ist Staub" ist meine Philosophie. Lasst uns die goldene Gelegenheit von heute nützen, um das Richtige zu tun. Lasst uns unser Fundament auf festen Fels bauen. Lasst uns von Licht zu mehr Licht, zu unermesslichem Licht, zu unendlichem Licht voranschreiten. Licht ist unsere Quelle, und im Licht können wir wachsen. Doch wenn wir uns von der Dunkelheit der Negativität ernähren, werden wir niemals wachsen können.

Wie kannst du Gott gefallen,
wenn du nicht bereit bist,
Gottes Gerechtigkeitslicht
freudig anzunehmen?

Wir sollten immer in uns, mit uns
und um uns herum Licht sehen,
denn im Licht spielt das Bewusstsein
seine Rolle am zufriedenstellendsten.

Man kann in der Erfüllung seiner irdischen Pflichten kompetenter werden, indem man zuerst seine himmlischen Pflichten erfüllt. Diese himmlischen Pflichten werden nie von dir verlangen, deine irdischen Pflichten zu vernachlässigen. Doch du musst das Wichtigste zuerst tun. Deine himmlische Pflicht ist es, im Licht zu sein. Nur wenn du von Licht durchflutet bist, kannst du in die Dunkelheit eintreten und dort das Notwendige tun. Die irdischen Pflichten sind voller Dunkelheit. Die himmlischen Pflichten sind Gebet, Konzentration, Meditation und Kontemplation. Wenn du deine himmlischen Pflichten zuerst erfüllst, verkörperst du schließlich Licht. Mit diesem Licht kannst du dann deine irdischen Pflichten erledigen. Das Wichtigste kommt also zuerst. Durch deine himmlischen Pflichten - Gebet, Meditation, Konzentration - wirst du Licht anrufen; und wenn du dann von Licht durchdrungen bist, wirst du deinen irdischen Pflichten nachkommen. Andernfalls werden deine Fähigkeiten nie ausreichen, um deine irdischen Pflichten zu erfüllen.

Wenn du deine äußeren Verpflichtungen
nicht erfüllst,
wird deine innere Erleuchtung
immer in weiter Ferne bleiben.

Erleuchtung umfasst die Welt der Zerstörung, die Welt des Besitzes und die Welt der Versuchung.

Äußeres Mitleid kommt von innerer Erleuchtung. Wenn jemand innerlich erleuchtet ist, wird seine Erleuchtung im äußeren Leben von selbst die Form von Mitleid annehmen. Zuerst kommt innere Erleuchtung; dann kommt die Offenbarung dieser inneren Erleuchtung im äußeren Leben. Diese Offenbarung ist Mitleid. Wenn jemand sagt, er biete Mitleid an, bevor er selbst innerlich erleuchtet ist, betrügt er sich nur selbst. Was er Mitleid nennt, ist nur seine unbewusste Art, Verhaftung an das Erdbewusstsein zu zeigen.

Wer Weisheit,
Licht und Glückseligkeit besitzt,
wird nie
im Unglücklichkeits-Netz der Welt
gefangen sein.

Wir sollten stets versuchen,
Erleuchtung anzustreben, um unser
erdgebundenes Leben vor der Welt
der Zerstörung zu bewahren
und um unser erdgebundenes Leben
in die himmelfreie Welt zu verwandeln.

Äußeres Licht ist Wissen; inneres Licht ist Verwirklichung. Mit unserem äußeren Licht wollen wir auf Gott zugehen. Mit unserem inneren Licht sehen und fühlen wir, dass wir nicht auf Gott zuzugehen brauchen, weil wir bereits in Gott sind und Gott bereits in uns ist: Wir erkennen Gott als unseren höchsten und erleuchtetsten Teil. Mit unserem äußeren Licht fühlen wir Gott als ein zu verwirklichendes Ziel. Mit unserem inneren Licht fühlen wir Gott nicht nur als unser eigen, sondern als die Essenz und Substanz unserer eigenen Wirklichkeit.

Keine Schmeichelei -
wie reizvoll auch immer -
kann einen wahren Sucher des unendlichen Lichts
auch nur eine flüchtige Sekunde lang bezaubern,
denn er ist der Schlinge der Versuchung
bereits entronnen.

Die innere Erfahrung von Licht sagt uns, dass das menschliche Leben ein ständiges, unerfüllendes Bedürfnis ist, während das göttliche Leben eine ständige, erfüllende und erfüllte Errungenschaft ist.

Es gibt viele Wege, die menschliche Natur umzuwandeln. Ein Weg ist, das göttliche, alles erleuchtende Licht des Supreme in unser Wesen herabzubringen, indem wir unser Gefäß der Empfänglichkeit vergrößern. Vor ihrer Umwandlung ist die menschliche Natur voller Dunkelheit. Dunkelheit kann nur beseitigt werden, indem man Licht in sie hineinbringt, und durch nichts anderes. Wir müssen bewusst und ständig Licht von oben herab bringen und dann unsere Empfänglichkeit vergrößern. Je mehr wir unsere Empfänglichkeit vergrößern, desto mehr Licht können wir in uns aufnehmen.

*Eine Seele des Stillelichts
ist in der Tat
erhaben auf der Erde.*

Haben wir einmal die innere Erfahrung von Licht gehabt, leben wir tatsächlich im Himmel auf Erden: Wir leben im Herzen der ewigen Zeit und im Schoße der Unsterblichkeit.

Ein weiterer Weg, die menschliche Natur umzuwandeln, besteht darin, in jedem Menschen das göttliche Licht und nichts anderes zu sehen. Nur weil wir etwas Ungöttliches in uns selbst und in anderen sehen, ist es für uns unmöglich geworden, sowohl unsere eigene Natur als auch die menschliche Natur im allgemeinen umzuwandeln. Doch wenn wir unabhängig davon, was andere tun, was sie sagen oder was sie sind, bewusst und ständig nur das göttliche Licht in ihnen sehen, das Licht, das wir von oben herabbringen, dann wird die menschliche Natur von selbst verwandelt werden. Wenn wir Licht in jedem einzelnen und in unserer eigenen Natur sehen, ist es nicht nur möglich, sondern unausweichlich, dass die menschliche Natur und die Natur der Erde umgewandelt wird. Während wir Licht herabbringen und unsere Empfänglichkeit vergrößern und während wir Licht in anderen sehen, verwandeln wir die menschliche Natur und unsere eigene Natur.

Noch vor dem Ende des Tages
wird mein Auge des Lichts
mein düsteres Erdgesicht verwandeln
und das Reich meines Geistes berühren.

Ergebenheit

Es gibt keinen anderen Weg,
um im spirituellen Leben bewussten
und ständigen Fortschritt zu machen,
als dem höchsten Führer in dir
unaufhörlich deine
intensive Ergebenheit darzubringen.

Ergebenheit ist die vollständige Hingabe des individuellen Willens an den göttlichen Willen. Ergebenheit ist Verehrung. Verehrung ist spontane Glückseligkeit, die dem Herzen entspringt. Wer kann der Gegenstand der Verehrung sein? Gott. Wie können wir Ihn verehren? Durch unsere Selbsthingabe.

Mein geliebter Herr,
ich möchte jeden Tag
von Dir geführt werden.
Ich möchte auf jede Weise
von Dir geführt werden.
Ich möchte den ganzen Weg
von Dir geführt werden.

*Ergebenheit ist reine Seligkeit.
Diese Seligkeit ist die sich weihende,
auf Gott gerichtete Liebe,
die Ihm ständig und bedingungslos zu
dienen sucht, damit Er
sowohl im Himmel als auch auf Erden
erfüllt werden kann.*

Ergebenheit ist ein seelenbewegendes Gefühl. Dynamisch durchdringt es das gesamte Bewusstsein des hingegebenen Suchers. Ergebenheit ist Tat. Diese Tat wird immer vom inneren Wesen des hingegebenen Suchers inspiriert.

Ergebenheit bringt Entsagung mit sich. Wahre Entsagung ist niemals ein Leben der Abgeschiedenheit. Entsagung ist vollständige Abneigung gegenüber dem tierischen Leben des Fleisches. Sie ist auch vollständige Abwesenheit von Ego. Ein Leben wahrer Entsagung ist ein Leben, das zwar in der Welt lebt, seine Werte aber nicht aus dieser Welt schöpft.

*Bist du es leid zu sein,
wer du bist? - Wirklich?
Dann gib Gott
zum ersten Mal die Chance,
für dich zu sorgen.
Gott kann mit Sicherheit für dich sorgen,
und Er wird es ganz gewiss tun.
Gib Ihm einfach eine Chance.*

*Ich wiederhole Gottes Namen,
nicht weil ich fühle, dass ich dadurch
Seine Ohren werde öffnen können,
sondern weil ich Ihn bei jeder
Wiederholung Seines Namens
in verschiedenen Formen
innerer Schönheit sehe.*

Die Manifestationen von Ergebenheit sind Einfachheit, Aufrichtigkeit, Spontaneität, Schönheit und Reinheit. Die Manifestationen von Ergebenheit sind unser intensives, hingebungsvolles Gefühl für unseren Gegenstand der Verehrung und unser geweihtes Einssein mit dem inneren Führer.

*Auf Deinen Befehl werd' ich hören,
werd' ich hören.
In Deinem Himmel werd' ich fliegen,
werd' ich fliegen.
Ewig bist Du mein, ganz mein eigen.
Du bist der Reichtum meines Herzens.
Nach Dir werd' ich nachts
in Tränen rufen.
Für Dich werd' ich morgens
mit Licht lächeln.
Für Dich, für Dich, Geliebter,
nur für Dich.*

Fünf alles vollendende Worte:
"Herr, ich liebe nur Dich."

Ich gehe auf der Straße der Liebe, Ergebenheit und Selbsthingabe. Zuerst schenke ich Gott meine Liebe, dann schenke ich Gott meine Ergebenheit, und schließlich schenke ich Gott meine Selbsthingabe. Wenn ich Gott meine Liebe schenke, fühle ich, dass Er der Einzige ist, dessen Liebe ich brauche, um innerlich Fortschritt zu machen. Wenn ich Ihn liebe, entdecke ich, dass Er niemand anderes ist als mein eigenes Selbst, meine höhere Existenz, meine erleuchtetste Existenz. Wenn wir jemanden lieben, lieben wir normalerweise eine andere Individualität oder eine andere Persönlichkeit. Wenn wir jedoch Gott lieben, fühlen wir, dass Er unsere eigene höchste, erleuchtetste Wirklichkeit ist.

Du hast dein Herz
in der unendlichen Liebe Gottes verankert.
Deshalb brauchst du dich
um nichts zu sorgen,
weder in der Welt der Träume
noch in der Welt der Wirklichkeiten.

Ergebenheit ist Widmung. Widmung gibt dem ergebenen Sucher seine Selbsterfüllung. Selbsterfüllung ist Gottes Unendlichkeit.

Vergiss bitte dein großes Versprechen an Gott nicht. Bevor du in diese Welt kamst, bevor du die menschliche Hülle anlegtest, gabst du Gott, deinem süßen Herrn, mit all deiner Aufrichtigkeit das Versprechen, dass du an Seinem göttlichen Spiel teilnehmen würdest. Und Er sagte zu dir: "Mein Kind, erfülle Mich, und erfülle gleichzeitig dich selbst auf der Erde." Du warst göttlich begeistert, deine Freude kannte keine Grenzen. Du sagtest: "Vater, ich verspreche es Dir. Möge mein seelenvolles Versprechen Deines mitleidsvollen Auftrages würdig sein."

Mein Herr,
Du hast mich glücklich gemacht,
indem Du mich
dein Diener sein lässt.
Willst Du mich nicht
noch unendlich viel glücklicher machen,
indem Du mich
dein Sklave sein lässt?

Ich liebe Gott um Gottes willen. Um Ihn auf Seine eigene Weise zu erfreuen, existiere ich hier auf Erden.

Im spirituellen Leben ist der Name des sonnenerleuchteten Pfades Ergebenheit. Dieser Pfad ist zweifellos die Abkürzung zur Gottverwirklichung. Es ist wahr, dass Gott und Seine Mysterien jenseits des Verständnisses von Sprache und Intellekt liegen. Doch ebenso wahr ist, dass Gott durch Ergebenheit leicht erreichbar ist.

Mein Herz wird nicht verblassen,
denn sorgsam legte ich seine Schönheit
in das Mitleidsherz meines Herrn,
und freudig brachte ich seinen Duft
den Erlösungsfüßen meines Herrn dar.

Ein Leben der Ergebenheit zu führen heißt, ein bewusstes Kind von Gottes Willen zu sein.

Ein wirklich Gott ergebener Sucher empfindet große Freude, wenn er fühlt: "All das bin ich." Er empfindet noch größere Freude, wenn er fühlt: "All das bist Du." Er empfindet die größte Freude, wenn er fühlt: "Du bist der Meister, ich bin nur das Instrument." Wer dem Pfad der Erkenntnis folgt, sagt zu Gott: "Vater, ich will Dich." Wer dem Pfad der Hingabe folgt, sagt zu Gott: "Vater, ich brauche Dich." Der erste sagt zu Gott: "Vater, Du gehörst mir." Der zweite sagt zu Gott: "Vater, ich gehöre Dir."

Mein erhabener Herr,
gib mir die Fähigkeit,
Dich jeden Augenblick anzuschauen,
und nicht nur dann,
wenn ich Dich
gerne einmal anschauen würde.

Schenke Gott jeden Tag ein seelenvolles Gebet. So kannst Du Gottes Visionslicht schlaflos treu werden.

Wie auf anderen Wegen lernt der ergebene Sucher auch auf dem sonnenerleuchteten Weg, dass es nicht darauf ankommt, wie lange er betet und meditiert, sondern wie er betet und meditiert. Wenn er aufrichtig und rückhaltlos zum Göttlichen betet und auf das Göttliche meditiert, dann meditiert er zehnmal auf einmal.

Wenn ich bete,
knie ich ergeben
und im Geheimen nieder.

Wenn ich meditiere,
hebe ich mein Herz seelenvoll
und vollkommen empor.

Deine einzige Pflicht ist, Gottes Willen zu erfüllen.

Wie jeder Mensch hat auch derjenige Bedürfnisse, der mit Hingabe strebt. Doch seine Bedürfnisse und Gottes Liebe und Mitleid sind immer gemeinsam zu finden. Ein wirklich ergebener Sucher weiß, dass er Gott nicht liebt, um seine menschlichen Wünsche zu erfüllen, sondern um Gott auf Gottes eigene Weise zu erfüllen. Für einen unstrebsamen Menschen ist das Leben eine Strafe, eine reine Qual. Für eine strebende Seele ist jeder Augenblick im Leben eine Gelegenheit zur Selbsterleuchtung und Gotterfüllung. Auf dem sonnenerleuchteten Weg der Hingabe weiß der Strebende, dass so, wie er nach Gottes unendlichem Mitleid hungert, auch Gott nach seinem ständigen Gefühl bewussten Einsseins mit Ihm hungert.

Ich sagte, was ich meinte:
"Mein Herr ist voller Mitleid."
Ich meinte, was ich sagte:
"Ich werde ganz gewiss
zu einem vollkommenen Instrument Gottes
werden."

Wenn Du stets um Gottes Segen bittest, wird Er dich lehren, wie du deine inneren Hausaufgaben machen kannst.

Ein Kind kümmert sich nicht darum was seine Mutter ist. Es will einfach nur die ständige Gegenwart der Liebe seiner Mutter an seiner Seite wissen. Ähnlich ist das Gefühl des ergebenen Suchers für seinen Herrn. Viele kommen auf ihn zu, um ihm auf seiner Lebensreise zu helfen, doch er kümmert sich nicht um ihre Hilfe. Gottes Gnade ist seine einzige Hilfe und Zuflucht. Die Qualen der Hölle können ihm nichts anhaben, solange er mit seinem Herrn dort ist. Sein Leben in der Hölle ist ein Leben vollkommener Glückseligkeit. Seine Leiden und Nöte im Himmel sind grenzenlos, wenn er nicht seinen Herrn an seiner Seite hat.

Mit tiefer Sehnsucht
verlange ich nach Dir.
Jeden Tag werde ich
zur Liebessaat,
zur Ergebenheitspflanze
und zum Selbsthingabebaum.

O Herr, vergiss mich nicht
in meinem äußeren, ziellosen
Umherwandern.
O Herr, mach mein Pilgerherz
zum Reisenden der Selbstentdeckung,
zum Kaiser der Lebensmeisterung.

Ergebenheit verstärkt den inneren
Hunger des Suchers,
reinigt seine äußere Gier und festigt
seine integrale Vervollkommnung.

Anders als andere Menschen fühlt der ergebene Sucher aufrichtig, dass er nichts anderes besitzt als sein Verlangen nach Gott. Sein Verlangen ist sein Schatz. Gottes Gnade ist Gottes Schatz. Indem er Gott seinen Schatz darbringt, bindet der ergebene Sucher Gott. Indem Gott Seinem Verehrer Seinen Schatz schenkt, befreit und erfüllt Er ihn.

Gott und ich
haben beide unsere Rollen gespielt.
Ich habe meinen Glauben an Ihn
vertieft.
Er hat mein Herz
vollends getröstet.

Die Qualen meiner uralten Furcht verwandeln sich nun in das Entzücken meines Herzens. Wie? Einfach durch meine reinste Annahme Gottes.

Wir wollen nur sein, was Gott ist: unendlicher Friede, unendliches Licht und unendliche Glückseligkeit. Wir wollen nichts von der Welt. Wenn die Welt uns quält, enttäuscht und missversteht, so ist dies die Angelegenheit der Welt. Wir erwarten nichts von der Welt, doch wir erwarten eines von uns, und zwar, dass wir zu Gott selbst werden.

Ich singe, weil Du singst.
Ich lächle, weil Du lächelst.
Weil Du auf der Flöte spielst,
bin ich Deine Flöte geworden.
Du spielst in den Tiefen meines Herzens.
Du bist mein, ich bin Dein.
Dies ist meine einzige Identifikation.
In einer Gestalt bist Du
meine ewige Mutter und mein ewiger Vater,
der alldurchdringende Bewusstseinsmond
und die alldurchdringende Bewusstseinssonne.

*Weisst Du, was eigentlich geschieht,
wenn du seelenvoll betest?
Wenn du seelenvoll betest, beginnst du
deinem geliebten Supreme mehr und
mehr zu gleichen.*

Wenn wir an Gott denken, sollten wir immer fühlen, dass Er unser Ideal, dass er unser Ziel ist. Gleichzeitig müssen wir wissen, dass es nicht unser Ziel ist, das Ziel zu sehen oder zu erreichen: Unser Ziel ist, zum Ziel selbst zu werden. Gott erwartet nichts Geringeres von uns. Er will, dass wir werden, was Er ist. Wenn das unser Ziel ist und wir dann an Ihn denken, zu Ihm beten und auf Ihn meditieren, fühlt Gott, dass unser Gedanke, unser Gebet und unsere Meditation völlig richtig, völlig göttlich sind.

*Ich bete zu Gott, mir
die silbernen Füße Seines Mondes
zu schenken.
Ich meditiere auf Gott, mir
das goldene Auge Seiner Sonne
zu schenken.*

Von jetzt an werde ich immer meinem inneren Leben ergeben sein.

Denke an den Supreme. Du wirst fühlen, dass dein Leben eine Bedeutung hat. Meditiere auf den Supreme. Du wirst fühlen, dass Gott dich braucht. Gib dich dem Supreme hin. Du wirst fühlen, dass der Supreme dir, dem Sucher in dir, bereits Seinen Lebensatem und Seine eigenste Existenz für alle Ewigkeit anerboten hat.

Willst du hören,
was du während deines Schlafes sagst?
Du sagst, dass du Gott allein liebst
und Gott allein brauchst,
und niemanden sonst.

*W*enn Du den Namen Gottes
aussprichst, treten augenblicklich
Gottes göttliche Eigenschaften
- Reinheit, Friede, Liebe, Seligkeit
und viele andere mehr -
in dich ein.

Gott ist meine persönliche Erfahrung. In Ihm liegt die Zuversicht meines Lebens. Sein Versprechen ist mit mir im Leben und im Tod und jenseits von Raum und Zeit. Ich lebe für Gott. Ich lebe, um Ihm mit der Selbsthingabe meines Herzens und der Freude meiner Seele zu dienen. Er lebt für mich. Er lebt, um mich mit Seiner alles übersteigenden Schau zu beschenken, um mein Dasein in Seine himmlische Wirklichkeit zu verwandeln.

Süß ist mein Herr,
denn Er ist erkennbar.
süßer ist mein Herr,
denn Er ist erkannt.
Am süßesten ist mein Herr,
denn Er lädt mich jeden Tag
zum Versteckspiel mit Ihm ein.

Ein ergebener Sucher
erblickt einen Kreis: Gott.
Er betritt den Kreis mit dem Schrei
seiner Seele. Dann stellt er sich
schweigend in die Mitte des Kreises und
wird zu einem Baum der Ekstase.

Einssein, Einssein, Einssein! O mein geliebter Supreme, ich habe nur ein Bedürfnis: Einssein. Wenn mein Einsseinsbedürfnis erfüllt wird, werde ich glücklich sein. Ich werde selbst dann glücklich sein, wenn mein Einsseinsbedürfnis nicht erfüllt wird, weil mir schon allein die Suche, allein die Sehnsucht nach Einssein mit Dir unermessliche Freude, grenzenlose Freude, unendliche Freude schenkt. Gewähre mir diesen unstillbaren Durst, diesen Durst nach bewusstem und ständigem Einssein mit Dir.

O mein Herz,
laufe in Gottes unendliche Weite hinein.
O meine Seele,
schwinge Dich empor,
weit über die Himmel des Wissenslichtes
hinaus.

*Eigenliebe verdirbt
den fruchtbaren Boden der Strebsamkeit
und macht ihn unfruchtbar.
Doch Ergebenheit zu Gott entzündet
die aufsteigende Flamme des Strebens
und erschafft eine neue Welt
für den Sucher in Gott und
eine neue Welt für Gott im Sucher.*

O mein geliebter Supreme, auch wenn Du meine Einsseinsbitte nicht erfüllst, schadet das nichts. Erlaube einfach der Flamme der Sehnsucht nach Einssein mit Dir für immer und ewig in mir zu brennen. In der inneren Welt bist Du alles, was ich habe. In der äußeren Welt bist Du alles, was ich brauche. Mögen meine innere Welt und meine äußere Welt eins werden. In ihrem Einssein werde ich Erfüllung erlangen, welche Vollkommenheit selbst ist. Einssein, Einssein, Einssein!

*Ich denke an Gott,
weil ich Ihn unweigerlich brauche.
Gott denkt an mich,
weil Er mich schlaflos
und zudem bedingungslos liebt.*

*Sehne dich nach etwas Göttlichem,
und es wird augenblicklich beginnen,
sich dir zu nähern.*

Wo ist Gott? Wer ist Gott? Wie kann man Gott verwirklichen? All diese Fragen können leicht beantwortet werden, wenn wir auf die Weisungen der Seele hören. Durch Gebet und Meditation können wir tief nach innen tauchen und die ständige Botschaft der Seele hören, die unvergängliche Botschaft von Licht, Wahrheit und Seligkeit. Durch unser Gebet und unsere Meditation können wir Frieden, Licht und Seligkeit in unendlichem Maße aufnehmen und uns dann, wie die Seele, der Unsterblichkeit hier auf der Erde erfreuen, so wie wir uns ihrer bereits im Himmel erfreuen.

*Mein Herr,
mein ganzes Wesen sehnt sich danach,
als seine einzige Erfüllung
Deine Füße zu umklammern.*

*D*er Mensch liebt.
Als Gegenleistung erwartet er Liebe.
Der ergebene Sucher liebt.
Doch er liebt die Menschen um seines
süßen Herrn willen, der in allem wohnt.
Seine Liebe atmet Demut, spontane
Freude und selbstloses Dienen ein.

Wenn ich im Universum meines Herzens lebe, fühle ich unablässig die Gegenwart meines geliebten Supreme. Aus Seiner grenzenlosen Güte heraus erscheint Er vor mir, und ich sehe Sein Gesicht. Ich sehe Ihn mit meinen menschlichen Augen; ich fühle Ihn mit meinem menschlichen Herzen. Ich bitte meinen höchsten Herrn um Seinen ständigen Segen. Er sagt, dass Er mir bereits Seinen unendlichen Segen gewährt hat. Er bittet mich, Ihm ergeben, seelenvoll, uneingeschränkt und bedingungslos zu geben, was ich habe und was ich bin. Ich gebe Ihm, was ich habe und was ich bin: Unwissenheit. Aus seinem unendlichen Mitleid heraus schenkt Er mir, was Er hat und was Er ist: Glückseligkeit in unendlichem Maße.

Wenn wir schlaflos an Gott denken,
lasst uns Ihn bedingungslos lieben.
Wenn wir Gott bedingungslos lieben,
lasst uns schlaflos an Ihn denken.

*Versuche dich täglich zu fragen,
warum du auf der Welt bist:
Um ein Sklave des Menschen zu sein
oder ein Sklave deiner selbst, oder um
ein auserwähltes Kind Gottes zu sein?
Triff die richtige Wahl, und halte dann
unbeirrbar daran fest.*

"Wenn es dir Freude bereitet, Mich einmal am Tag ergeben zu sehen, so werde Ich dir für diese Freude siebzig von hundert Punkten geben. Wenn es dir Freude bereitet, ständig an Mich zu denken, so werde ich dir für diese Freude achtzig von hundert Punkten geben. Wenn es dir Freude bereitet, seelenvoll für Mich zu arbeiten, so werde Ich dir für diese Freude neunzig von hundert Punkten geben. Doch wenn du hingebungsvoll, unaufhörlich, seelenvoll und untrennbar fühlst, dass du für Mich und nur für Mich bist, erhältst du hundert von hundert Punkten."

*Sechs Dinge mache ich jeden Morgen:
Ich kräftige meinen Körper,
ich lenke meine Lebensenergie,
ich inspiriere meinen Verstand,
ich öffne mein Herz,
ich gehorche meiner Seele,
ich erneuere meine bedingungslose Selbsthingabe
an meinen geliebten Supreme.*

Göttliche Ergebenheit ist unser innerer Drang, etwas mit äußerster Aufrichtigkeit, Reinheit und Göttlichkeit zu tun.

"Mein geliebter Herr, mein geliebter Supreme, werde ich jemals fähig sein, Dein vollkommenes Instrument zu werden?"
"Mein Kind, zu Meiner auserwählten Stunde wirst du zweifellos nicht nur Mein vollkommenes Instrument, sondern Mein höchst vollkommenes Instrument werden. Wie kann die transzendentale Vision Meiner eigenen Göttlichkeit in dir, mit dir und für dich scheitern? Nein, Meine Vision wird unweigerlich von Erfolg gekrönt sein, Mein Kind.
Eines aber kannst du jeden Tag ergeben und seelenvoll tun. Du kannst täglich hunderte von Malen wiederholen: ‚Mein Herr, Du bist das Ein und Alles der Aufrichtigkeit meines Verstandes, Du bist das Ein und Alles der Reinheit meines Herzens, Du bist das Ein und Alles der Pflicht meines Lebens.' Dies wird unseren gemeinsamen Sieg beschleunigen."

Ich werde Dir gehorchen.
Das bedeutet, dass Du mir die Fähigkeit gegeben hast,
Dir zu gehorchen.
Ich habe die Fähigkeit, Dir zu gehorchen.
Das bedeutet, dass Du jederzeit
in mir und für mich bist.

*G*ott, ich werde Dich
bedingungslos lieben.
Gott, ich werde Dich ewig auf Deine
eigene erhabene Weise erfreuen.

Der Strebende sollte früh am Morgen meditieren, und er meditiert auch. Was ist seine Meditation? Seine Meditation ist seine Anrufung von unendlichem Licht, unendlichem Frieden und unendlicher Glückseligkeit. Sie ist seine bewusste Anstrengung, nichts mit der Dunkelheit, Unreinheit, Unvollkommenheit und Unwissenheit zu tun zu haben, die er überall um sich herum sieht. Er steht jenseits davon, er steht darüber. Während der Meditation gibt er sich selbst ein Versprechen, dass er rein sein wird, dass er an nichts verhaftet sein wird und dass er ohne Unterlass streben wird. Sein glühendes Versprechen an sich selbst ist, nicht an sich zu zweifeln, sich vor nichts zu fürchten, kein Opfer von Unreinheit und Ängsten zu werden. Jeden Tag gibt er seiner Seele, gibt er Gott das innere Versprechen, dass er göttlich sein wird, dass er ein auserwähltes Instrument Gottes sein wird und dass er nur auf die Weisungen seines inneren Wesens hören wird.

Du magst alle Versprechen brechen,
die du der Menschheit gegeben hast,
doch brich niemals
auch nur ein einziges Versprechen an Gott,
wenn du Gottes Lächeln
auf der Erde enthüllen willst
und den Schrei der Menschheit
im Himmel offenbaren willst.

Mein Gebet ist, Gott um Seiner selbst willen zu lieben. Mein Gebet ist der Zerstörer von Irrtümern, der geborenen wie der ungeborenen.

Um das Ziel zu verwirklichen, um das Ziel tief im Innern zu erreichen müssen wir unser Leben täglich erneuern und auffrischen. Jeden Tag, früh am Morgen, müssen wir unser äußeres Leben mit goldener Hoffnung neu beleben. Diese Hoffnung ist kein eitler Traum; sie ist der Vorbote der Göttlichkeit, die sich in und durch unsere äußere Natur offenbaren wird. Unsere dynamische göttliche Eigenschaft, unsere goldene Hoffnung ist es, die das Jenseits sieht, selbst wenn es noch in weiter Ferne liegt.

*Ich möchte der Welt beweisen,
dass, obwohl meine Vergangenheit
nur sterblich war,
meine Gegenwart und Zukunft
absolut unsterblich sein werden.*

Ein Herz der Ergebenheit ist reiner als die reinste Flamme.

Gottverwirklichung bedeutet bewusstes, ständiges und untrennbares Einssein mit Gott. Du musst wissen, dass dieses Einssein bewusst ist. Wenn du betest und meditierst, ist das deine bewusste Annäherung an Gott. Du magst noch kein Einssein erlangen, doch du versuchst Ihn bewusst zu empfangen. Wenn du an jemanden denkst, besteht dabei normalerweise kein Einssein, doch wenn Einssein vorhanden ist, erfährst du unbeschreibliche Glückseligkeit. Gottverwirklichung muss ein bewusstes, ständiges und untrennbares Einssein mit dem Höchsten sein.

Herr,
selbst wenn Du aufhörst, mich zu lieben,
werde ich fortfahren, Dich zu lieben,
denn Du bist der einzige erhabene Geliebte
meiner Ewigkeit.

Herr,
selbst wenn Du aufhörst, für mich zu sorgen,
werde ich fortfahren, Dir zu dienen,
denn Du bist der einzige unumschränkte Herrscher
meiner Ewigkeit.

Ergebenheit ist die Schönheit eines Gott-Dienenden.

Unser inneres Vollkommenheitsleben ist unsere ständige Erinnerung an Gott als das höchste Absolute und unser Gefühl von Gott als dem allübersteigenden Transzendentalen. Unser äußeres Vollkommenheitsleben ist unser Gefühl von Gott als dem immanenten, allgegenwärtigen Allumfassenden. Wenn du an innere Vollkommenheit denkst, steige so hoch wie möglich hinauf, und wenn du an äußere Vollkommenheit denkst, breite deine Flügel aus und werde eins mit allem. Wenn du an innere Vollkommenheit denkst, denke an Gott in dir als das transzendentale Absolute. Wenn du an die Vollkommenheit der Erde denkst, denke an Gott als das universelle Bewusstsein. Wenn du dein Einssein mit dem universellen Bewusstsein aufgebaut hast, ist das die Vollkommenheit deines äußeren Lebens, und wenn du dein Einssein mit der transzendentalen Höhe aufgebaut hast, ist das die Vollkommenheit deines inneren Lebens.

Heute hast du erkannt,
dass auch du Gott brauchst.
Morgen wirst du erkennen,
dass auch Gott dich braucht,
damit du ein weiterer Gott wirst.

Du kannst leicht Gottes Schmerzen lindern, indem du den Schrei deines Herzens ein wenig verstärkst.

Wiederhole unmittelbar bevor du deine Meditation beginnst diese vier Sätze: "Angst, verschwinde aus meinem Leben! Zweifel, verschwinde aus meinem Leben! Eifersucht, verschwinde aus meinem Leben! Unsicherheit, verschwinde aus meinem Leben! Ich brauche euch nicht und werde euch auch nie brauchen." Dann werden sie alle aus dir heraustreten und dich fragen: "Wen willst du?" und du wirst antworten: "Ich will nur Meditation; ich will nur Gott!"

Bevor ich an mich selbst denke,
denke ich zuerst an Gott.
Warum?
Weil nur Gott
mein Inspirationsgedanke sein kann.

Bevor ich mich selbst liebe,
liebe ich zuerst Gott.
Warum?
Weil nur Gott
meine Erfüllungsliebe sein kann.

*E*rgebenheit ist unsere innere Süße. Ergebenheit ist unsere göttliche Stärke. Ergebenheit ist unsere höchste Dynamik.

Wir müssen seelenvoll meditieren, damit wir unseren Glauben an unseren geliebten Supreme vergrößern können. Wir müssen seelenvoll meditieren, damit unser geliebter Supreme mehr Vertrauen in uns haben kann. Meditation ist der wirkungsvollste Weg, um den Glauben des Suchers an seinen geliebten Supreme und auch das Vertrauen seines geliebten Supreme an den Sucher zu vergrößern.

Süß ist mein Herr.
Ihn habe ich als die ewige Wahrheit
verwirklicht.

Süßer ist mein Herr.
Ihn habe ich als den einzig Handelnden
verwirklicht.

Am süßesten ist mein Herr.
Ihn habe ich als den erhabenen Genießer
verwirklicht.

*Jeder Augenblick der Hingabe
ist die Vorbereitung für
einen wundervollen Sonnenaufgang und
einen fruchtbaren Sonnenuntergang.*

Wenn ich zum Supreme bete, bete ich mit meinem aufrichtigen Verstand. Wenn ich auf den Supreme meditiere, meditiere ich mit meinem reinen Herzen. Wenn ich den Sukpreme liebe, liebe ich mit dem Lebensatem meiner Intensität. Wir tun drei Dinge: Wir beten, wir meditieren, wir lieben. Wenn wir beten, meditieren und lieben, ist alles getan.

*Bete seelenvoll,
bete schlaflos.
Gott hört unweigerlich
selbst dein zaghaftes
und stockendes Gebet.*

Ein Herz der Ergebenheit ist weiser als der größte Weise.

Der Verstand ist so raffiniert. Mit diesem raffinierten Verstand können wir nichts aufrichtig tun. Wenn wir jedoch aufrichtig beten können, werden wir alles erhalten. Das Herz ist bedeckt von Schwachheit, Müll und nutzlosen Dingen. Deshalb bleibt das Herz nicht rein. Doch wenn wir mit einem reinen Herzen meditieren können, werden wir alles erhalten. Wenn wir den Supreme mit dem Lebensatem unserer Intensität lieben können, ist der Supreme für immer gefangen.

So wie Gottes Gesicht
und Seine Gnade
untrennbar sind,
genauso will ich,
dass mein Herz
und der Schrei meines Herzens
untrennbar sind.

Die seelenvolle Beständigkeit der Reinheit lebt in der Ergebenheit.

Ergebenheit ist die furchtlose Eigenschaft unserer Seele. Ergebenheit bedeutet nicht, von jemandem zu betteln. Ergebenheit bedeutet, dem göttlichen Kind in uns hingebungsvoll zu dienen. Sie bedeutet Intensität, die Intensität, die uns Einssein fühlen lässt - und nicht die Intensität, die uns trennt und frustriert. Ergebenheit bedeutet, in den höheren Teil des eigenen Seins einzutreten. Ergebenheit ist das süßeste Gefühl in uns, das Gefühl des Einsseins mit etwas Höherem und Tieferem in uns. Sie ist die vertrauteste Verbindung mit unserem besseren Selbst, unserem reineren Selbst, unserem höheren, edleren und tieferen Selbst. Sie ist das süßeste Gewahrsein der Wahrheit.

Auf der Höhe seines irdischen Triumphes
ging er mit dem
seelenvollsten Schrei seines Herzens
in den Himmel,
um zu Gottes Mitleidsfüßen zu sitzen.

*Ergebenheit ist das Geheimnis
aller Geheimnisse.
Sie lässt dich die süßeste
und vertrauteste Verbindung mit Gott,
der gänzlich dir gehört, aufbauen.*

Wenn jemand im spirituellen Leben schnell Fortschritt machen will, dann ist Ergebenheit die einzige Antwort. Wenn Ergebenheit im ganzen Wesen vorhanden ist, können wir in unserem spirituellen Erwachen, in unserer spirituellen Disziplin und in unserer spirituellen Verwirklichung jeden Tag Nektar trinken. Ergebenheit schenkt unserem Leben Süße und trägt uns zur Quelle des Nektars, der das Leben unsterblich macht.

*Wenn du
mit Ergebenheit liebst,
bist du göttlich groß.*

*Wenn du dich
mit Ergebenheit hingibst,
bist du göttlich gut.*

*Wenn du
mit Ergebenheit betest,
bist du erhaben groß.*

*Wenn du
mit Ergebenheit meditierst,
bist du erhaben gut.
Ergebenheit, Ergebenheit, Ergebenheit.*

September

Dankbarkeit

Dankbarkeit ist etwas
in unserem Herzen, das uns hilft,
unsere Erfahrung der Erde
zu transzendieren und
unsere Verwirklichung von Gott
zu intensivieren.

Wir sind Gott dankbar, denn Er ist hier und jetzt mit uns. Wir sind Gott dankbar, denn Er hat in uns einen wahren Hunger nach Ihm geschaffen. Wir sind Gott dankbar, denn Er hat uns einen langen Schnellzug der Hoffnung gegeben. Wir sind Gott dankbar, denn Er hat uns immer wieder versichert, dass Er Sein Versprechen halten wird. Was ist Sein Versprechen? Sein Versprechen ist, dass Er nicht ruhen wird, bis jede Seiner Schöpfungen Ihn auf Seine eigene Weise zufriedenstellt.

All meine Klagen
verwandelten sich in Dankbarkeitstränen,
als mein erhabener Herr
mit Seinem strahlenden Gesicht
auf mich zukam.

Wenn du in einer Welt der Dankbarkeit leben willst, musst du dich von der Welt der Versuchung befreien.

Ein wahrer Sucher gibt Gott, was er hat und was er ist. Was er hat, ist Unwissenheit. Was er ist, ist ein Dankbarkeitsherz. Er wird zum auserwählten Instrument des Supreme, wenn er sein Dankbarkeitsherz anerbietet. Ein auserwähltes Instrument stellt Gott manchmal auf seine eigene Weise zufrieden und manchmal stellt es Gott auf Gottes eigene Weise zufrieden. Es kommt der Zeitpunkt, zu dem das auserwählte Instrument in ein bedingungslos hingegebenes Instrument verwandelt wird. Ein bedingungslos hingegebenes Instrument Gottes erfreut Gott jeden Augenblick auf Gottes eigene Weise.

Er wird zu seinem Meditationsherzen.
Dies ist seine besondere Weise,
Gott zu danken.

Dankbarkeit kann man durch den ständigen inneren Schrei zum Vorschein bringen.

Wir schreien äußerlich, wenn wir verzweifelt Anerkennung, Ruhm, äußere Fähigkeiten, Wohlstand und anderes mehr brauchen. Doch wenn wir innerlich schreien, müssen wir fühlen, dass wir nur schreien, um Gott auf Gottes eigene Weise zu gefallen und zu erfüllen. Der äußere Schrei gilt unserer eigenen Erfüllung auf unsere eigene Weise. Der innere Schrei gilt der Erfüllung Gottes auf Gottes eigene Weise. Wenn ein ständiger innerer Schrei vorhanden ist, bedeutet das, dass wir versuchen, Gott auf Seine eigene Weise zu erfreuen, zufriedenzustellen und zu erfüllen. Wenn wir innerlich, in Stille, schreien können, wächst unsere Dankbarkeit, denn im inneren Schrei wohnt die Dankbarkeit, und wo die Dankbarkeit wohnt, ist Gott.

Gottes Lieblingsmahl
besteht aus den Dankbarkeitstränen
meines Herzens
und dem Zufriedenheitslächeln
meines Lebens.

*S*chmücke dein Herz mit einem Dankbarkeitslächeln. Du wirst wirklich vollkommen sein!

Ich bin der Welt dankbar, weil sie mir die Gelegenheit gegeben hat, dem Supreme zu dienen. Ich bin der Welt dankbar, weil sie mir die Gelegenheit gegeben hat, meinen Supreme anzurufen und Ihn der ganzen Welt anzubieten. Ich bin der Welt dankbar, weil sie mir die Gelegenheit gegeben hat, sie fühlen zu lassen, dass Gott das einzige Leben, die einzige Wirklichkeit ist, die die ewige Wahl der Menschheit verkörpert und die ihre vergöttlichte, vervollkommnete und unsterblich gemachte Stimme des Supreme werden wird. Ich bin der Welt dankbar, nicht, weil sie mir gegeben hat, was sie ist - Strebsamkeit -, sondern weil mich die Welt angenommen hat, wie ich bin. Die Welt erwartet nicht mehr und nicht weniger von mir als das, was ich bin.

O mein unerfahrenes Herz,
versuche zum Lächeln der Dankbarkeit
und der Selbsthingabe zu werden.
Deine Welt voll grenzenloser Angst und Sorge
wird schon bald verschwinden.

Mein erfolgreiches Leben beginnt,
wenn ich fühle,
dass ich Gott geben kann, was ich bin:
mein Dankbarkeitsherz.

Mein höchster Herr, aus Deiner unendlichen Güte heraus hast Du mich erwählt, Dein Instrument zu sein. Du hättest jemand anderen wählen können, um diese Rolle zu spielen, doch Du hast mir die goldene Gelegenheit gewährt. Dir bringe ich meine ständige Dankbarkeit, mein Dankbarkeitsherz dar, denn Du hast mich auserwählt, Dein Instrument zu werden, um Dich hier auf der Erde auf Deine eigene Weise zu manifestieren.

Ein Dankbarkeitsherz
ist nur ein winziges Stück
von Gottes Sieg entfernt.

Heute morgen habe ich etwas völlig Neues entdeckt: nur mein schlaflos aufrichtiges Dankbarkeitsherz kann die Arbeit meiner Liebe, Ergebenheit und Selbsthingabe wirklich zufrieden- stellend verrichten. Mein Herr, gib mir die Fähigkeit, meine neue Entdeckung jeden Tag in meinem Leben anzuwenden.

Jeden Morgen musst du Gott dankbar sein dafür, dass Er dein Bewusstsein erweckt hat, während andere immer noch schlafen, und für all Seine unendlichen Segnungen für dich. Wenn du auch nur einen Bruchteil deiner Dankbarkeit darbringst, wirst du Gottes Mitleid fühlen. Wenn du dann Gottes Mitleid fühlst, versuche dich selbst zu schenken. Sage: "Ich werde versuchen, Dich nur auf Deine eigene Weise zufriedenzustellen. Bis jetzt habe ich Dich gebeten, mich auf meine eigene Weise zufriedenzustel- len, mir dies und jenes zu geben, damit ich glücklich sein kann. Doch heute bitte ich Dich um die Fähigkeit, Dich auf Deine ei- gene Weise zufriedenzustellen." Wenn du das aufrichtig sagen kannst, wird deine Morgenmeditation von selbst gestärkt werden.

Mein Herr,
ich danke Dir,
weil Du mir eine kleine Rolle
in Deinem kosmischen Spiel gegeben hast.
Ich danke Dir,
weil Du mir die Fähigkeit geschenkt hast,
Deine großen Träume für Dein Universum
zu bewundern.

*Ich bin glücklich, weil
ich ein Herz voll Liebe besitze.
Ich bin glücklich, weil ich
einen Verstand voll Vertrauen besitze.
Ich bin glücklich, weil ich
ein Leben voll Dankbarkeit besitze.*

Der innere Führer wird dir die Inspiration und das Streben geben, spirituell zu werden, und Er wird dir mehr Empfänglichkeit geben können, wenn Er sieht, dass du jeden Tag deine Fähigkeit zur Dankbarkeit vergrößerst. Je mehr du dem höchsten Führer in dir deine Dankbarkeit schenken kannst, desto mehr und desto schneller wird deine Empfänglichkeit wachsen. Dankbarkeit bedeutet, sich dem eigenen höchsten Selbst darzubringen. Diese Dankbarkeit geht nicht zu jemand anderem; sie geht zu deinem eigenen höchsten Selbst. Dankbarkeit hilft uns, uns mit unserer eigenen höchsten Wirklichkeit zu identifizieren und unser Einssein mit ihr zu fühlen.

*O mein Dankbarkeitsherz,
du bist mein unentbehrlicher Partner.
Gemeinsam werden wir
das Erfüllungsheim
unseres geliebten Supreme erreichen.*

Dankbarkeit
ist die Vervielfachung
der Einsseinsliebe unseres Herzens.

Sobald du Dankbarkeit in deinen Gedanken und in deinen Gefühlen darbringst, wird dein Einssein vollkommen sein. Wenn du Dankbarkeit darbringst, wirst du mehr verstehen; deine mentale Schau, deine psychische Schau - alles wird vollkommen werden. Dankbarkeit, Dankbarkeit, Dankbarkeit ist die einzige Antwort. Versuche, die Dankbarkeitsblume in deinem Herzen heranwachsen zu lassen und beobachte, wie sie Blütenblatt um Blütenblatt erblüht. Im Aufblühen verbreitet sie ihre Schönheit und ihren Duft.

Wenn du Dankbarkeitssamen
in deinem Herzen säst,
wirst Du ganz gewiss
Flammen der Hingabe sehen,
die höher und höher steigen
und schließlich
zu einer Vollkommenheitssonne
heranwachsen werden.

Du kannst Gottes Willen in deinem
täglichen Leben erkennen,
wenn du Gott am frühen Morgen
deine tiefste Dankbarkeit
für das darbringst, was Er bereits
für dich getan hat.

Wenn du dein Dankbarkeitsherz darbringst, dehnt es sich aus, und indem es sich ausdehnt, wird es eins mit Gottes universeller Wirklichkeit. Bringe früh am Morgen, noch bevor du meditierst oder irgendetwas tust, soviel Dankbarkeit wie möglich dar; bringe deine seelenvollen Tränen dafür dar, dass du zu dem geworden bist, was du heute bist. Wenn du das tust, wirst du mit der Zeit unendlich viel mehr werden, als du jetzt bist. Dankbarkeit wird dich also fühlen lassen können, was Gottes Wille ist. Gottes Wille wird in dir und durch dich handeln, und Gott wird alles in dir, durch dich und für dich tun, wenn du Dankbarkeit darbringst.

*Dein Dankbarkeitsherz
ist der wertvollste Schatz deiner Seele,
und dieser Schatz kann niemals
von irgendjemandem gestohlen werden.*

Der beste Weg, unsere Dankbarkeit zu vergröfsern, ist seelenvoller und spontaner zu schreien als ein kleines Kind, das nach Milch oder nach einem Spielzeug schreit.

Gott ist wie ein Ladenbesitzer. Er verkauft vielerlei Dinge: Liebe, Freude, Schönheit, Reinheit, Gnade und vieles, vieles mehr. In Seinem Geschäft gibt es jedoch etwas, das sehr, sehr teuer ist, und das ist Dankbarkeit. Wenn wir zu Gott dem Ladenbesitzer gehen, können wir alles kaufen, weil es sehr billig ist. Wenn wir aber versuchen, Dankbarkeit zu kaufen, erschrecken wir, wenn wir den Preis hören. So viel Geld haben wir nicht. Warum? Um Dankbarkeit zu kaufen, müssen wir zur Strebsamkeit selbst, zur Widmung selbst, zur Ergebenheit selbst, zur Selbsthingabe selbst werden. Unser Leben des Strebens, der Widmung, der Ergebenheit und der Selbsthingabe wird unsere Währung sein, um Dankbarkeit in Gottes Geschäft zu kaufen.

Ein Hauch von Dankbarkeit
des Suchers zu Gott
ist so schön wie eine Rose,
die Gott in Seiner eigenen Hand hält.

Gott hat mir
Sein fähiges Leben geschenkt.
Ich gebe Gott meine aktive Dankbarkeit.

Wir haben den Eindruck, Dankbarkeit sei etwas, das wir zwar besitzen, aber Gott nicht geben; doch wir täuschen uns. Wir können nichts besitzen, um es Gott zu geben, wenn wir es nicht vorher von Ihm erhalten haben. Wenn Gott uns nicht den Sinn, das Gefühl, die Blume der Dankbarkeit in uns schenkt, können wir Ihm nie Dankbarkeit darbringen.

Ändere deine innere Einstellung.
Sammle alle Dankbarkeitsblumen
deines Herzens.
Eine neue Welt wird sich dir eröffnen
und dir helfen,
der Nacht von morgen gegenüberzutreten
und das entsetzliche Schicksal von übermorgen
zu wenden.

Durch ständige seelenvolle Dankbarkeit kannst du leicht deine göttlichen Eigenschaften hervorbringen.

Wir müssen Gott anrufen, um die Kraft der Dankbarkeit zu erhalten. Im spirituellen Leben entspricht ein Augenblick aufrichtiger Dankbarkeit gegenüber dem Höchsten einer Stunde intensivster Strebsamkeit, Konzentration, Meditation und Kontemplation. Dankbarkeit besitzt die größte Kraft, um Gott zu gewinnen, doch wir müssen sie zuerst erhalten, bevor wir sie darbringen können.

Wenn du von Gott
Anteilnahme willst,
dann gib Ihm, was du hast:
Liebe.

Wenn du von Gott
Liebe willst,
dann gib Ihm, was du sein solltest:
ein Dankbarkeitsherz.

Versuche,
Gott jeden Morgen
mit nur einem zu begrüßen:
einem ständig wachsenden
Dankbarkeitsgeschenk.

Wir alle verwenden das Wort "Dankbarkeit". Wir versuchen andere fühlen zu lassen, was Dankbarkeit bedeutet, doch wir selbst wissen es nicht; wir selbst haben Dankbarkeit in der eigentlichen Bedeutung des Wortes nie gefühlt. Alles andere ist im Erdbewusstsein geboren worden, doch Dankbarkeit muss erst noch geboren werden. Wenn göttliche Dankbarkeit in unserem menschlichen Leben geboren wird, wird Gottmanifestation nicht mehr weit sein. Wenn Dankbarkeit im menschlichen Leben geboren wird, wird Gottes Wirklichkeit in der Lage sein, sich auf der Erde zu manifestieren.

Mein absoluter höchster Herr,
mein Dankbarkeitsherz ist der einzige Ort,
an dem ich deine Mitleidsfüße sehen kann.

Wir haben jeden Tag die goldene Gelegenheit, unserem geliebten höchsten Herrn unsere Dankbarkeit in allem, was wir tun, darzubringen. Es gibt nicht eine einzige Sekunde, in der wir Gott nicht Dankbarkeit schenken können.

Für Gutes sind wir Gott natürlich dankbar. Aber selbst wenn wir schlechte Erfahrungen haben, wie zum Beispiel schlechte Gedanken, können wir dennoch Dankbarkeit zeigen. Es gibt zwei Möglichkeiten. Eine Möglichkeit ist, das jetzige Geschehen sofort mit einer vergangenen schlechteren Erfahrung zu vergleichen. Wir werden sehen, dass unsere schlechten, ungöttlichen, unreinen Gedanken von heute nichts sind im Vergleich zur Erfahrung jenes vergangenen, schrecklichen Tages, an dem wir so furchtbar gelitten haben. Dann können wir sagen: "Jetzt bin ich zwar schlecht, aber ich bin Gott so dankbar, weil mein Bewusstsein noch immer viel höher ist als an jenem schrecklichen Tag." Oder wir können uns mit dem vergleichen, was wir vor zehn Jahren waren. Dann werden wir sagen: "O Gott, ich bin Dir so dankbar, dass ich heute nicht mehr so schlecht bin, wie damals vor zehn Jahren." Das ist der beste Weg: dein jetziges Leben mit dem zu vergleichen, was es früher war.

Atme den Staub
der Vergangenheit aus.
Atme den Duft
der Zukunft ein.

*L*angsam und unfehlbar kletterst du den Dankbarkeitsbaum deines Herzens hinauf.

Eine andere Möglichkeit, Gott ständig dankbar zu sein, ist, uns mit den Menschen um uns herum zu vergleichen. Wo wir auch hinschauen, sofort werden wir Leute sehen, die nicht streben, die noch unendlich viel schlechter sind als wir. Dann können wir sagen: "O Gott, dank Deines Mitleids bin ich unendlich viel besser als diese Menschen. Ich hätte genauso schlecht wie er oder sie sein können, doch Du hast mich viel besser sein lassen. Du bist so gütig, so voller Mitleid mit mir."

Jetzt, da ich
den Undankbarkeitsbaum meines Herzens
gefällt habe,
öffnet Gott bedingungslos
Seine Herzenstür
und wird sie für immer offen lassen.

Dankbarkeit ist unser Gefühl der Anteilnahme für das Höchste.

So wie das Höchste Anteilnahme für das Niederste hat, so sollte auch das Niederste ein wenig Anteilnahme für das Höchste haben. Wir fragen vielleicht: "Was können wir mit unserer Anteilnahme für Gott tun?" Wir müssen wissen, was Er über uns denken wird, wenn wir ein gewöhnliches, ungöttliches, tierisches Leben führen. Die Antwort lautet, dass Gott sich elend fühlen wird. Er wird denken, dass wir keinen Fortschritt machen und Seine Manifestation aufhalten. Unsere Anteilnahme für das Höchste lässt uns fühlen, was wir tun können, und das ist, Ihm Dankbarkeit darzubringen. Dies ist eine Möglichkeit, Dankbarkeit zu sehen.

In der Nacht
träumt er nur Gott-Träume,
und während des Tages
wird sein Leben
eine schlaflose Welle der Dankbarkeit.

Der neueste Ankömmling am Tor des Himmels ist das Dankbarkeitsherz meines Lebens.

Es gibt noch eine weitere Möglichkeit, Dankbarkeit zu sehen. Wenn wir uns am Rande völliger Zerstörung befinden, werden unsere Hoffnung, unser Stolz und alles, was wir haben, erschüttert und erschlagen. Wenn wir jedoch in unserer äußersten Hoffnungslosigkeit, Hilflosigkeit, Zerstörung und Frustration einen Hoffnungsschimmer, einen Lichtstrahl sehen, so ist diese Hoffnung, dieses Licht Dankbarkeit. Wie ein Magnet zieht dieser Funken Licht eine höhere Kraft herab, die in uns eindringt, um uns zu retten. Sobald wir diesen Magneten besitzen, zieht er mehr von Gottes Gnade und Gottes Liebe herab. Dieser Magnet ist unser innerer Schrei, unsere Dankbarkeit, die mehr Liebe von oben herabbringt.

*Wenn du Gottes Zuneigung und Liebe
mit Dankbarkeit entgegennimmst,
wirst du unbestreitbar groß
und auch gut werden.*

Wie kannst du Gottes Herz schmelzen lassen? Wasche einfach dein Leben mit Dankbarkeitsseife.

Unglücklicherweise betrachtet unser menschlicher Verstand Dankbarkeit als etwas Minderwertiges. Wenn wir Gott Dankbarkeit darbringen, haben wir das Gefühl, wir würden etwas Unbedeutendes tun, weil Er uns zuerst etwas geschenkt hat. Wenn jemand etwas für uns getan hat, zeigen wir ihm natürlich unsere Dankbarkeit, doch wir haben das Gefühl, dass die Kraft der Dankbarkeit der Kraft des Gebens unterlegen ist.

Gott gab mir etwas Besonderes:
Gewahrsein.
Ich gab Gott etwas Besonderes:
Bereitwilligkeit.
Jetzt will Gott
mir Seine Zufriedenheit geben.
Und ich will Gott
meine Dankbarkeit geben.

*M*ein erhabener Herr, ich bin Dir unendlich dankbar, weil Du meinem Herzen die Bereitschaft gegeben hast, Dich anzunehmen.

Gott sieht sich und uns als eins. Er fühlt, dass Er gibt, was Er hat - Liebe und Mitleid , und wir geben, was wir haben - Dankbarkeit. Unsere Kraft der Dankbarkeit ist genauso stark wie Sein Licht und Seine Kraft der Liebe. Zu Beginn des Spiels gab Er uns, was Er uns geben wollte, nämlich Dankbarkeit, und behielt Sein Licht für sich. Jetzt ist es Seine Aufgabe, uns das Licht zu geben, und unsere Aufgabe ist es, Ihm Dankbarkeit zu geben. Nur wenn Er uns Sein Licht gibt und wir Ihm unsere Dankbarkeit geben, können wir manifestieren.

Dankbarkeit
birgt die Botschaft der Unsterblichkeit in sich
und tritt in Gottes Herz ein,
um Gottes universelles Zufriedenheitslächeln
zu sehen.

Mein erhabener Herr, ich bin Dir unendlich dankbar, weil Du meinem Verstand die Bereitschaft gegeben hast, auf Dich zu warten.

Wie kannst du Dankbarkeit entwickeln? Nicht, indem du in die ferne Vergangenheit zurückblickst. Was warst du in der Vergangenheit? Ein Bündel Wünsche, ein Bündel Eifersucht, ein Bündel Unsicherheit und ein Bündel Falschheit. Doch was bist du jetzt geworden? Bist du noch immer die gleiche himalayahohe Falschheit? Nein, keineswegs. Jetzt bist du in der Wahrheit, von der Wahrheit und für die Wahrheit. Was hat dir das Gefühl gegeben, in der Wahrheit, von der Wahrheit und für die Wahrheit oder für das höchste Leben zu sein? Die Antwort ist dein innerer Schrei. Und wer hat dir diesen inneren Schrei gegeben? Gott.

*Verliere dich nie
in deiner unstrebsamen Vergangenheit.
Werde nie müde,
an die neue Tür deines Herzens
zu klopfen.*

Ich bin meinem geliebten Supreme äußerst dankbar, weil Er mir die Gebetsfähigkeit gegeben hat, mit dem Christus-Bewusstsein eins zu werden.

Was wirst du Gott nun geben, da Er dir einen so großen inneren Schrei geschenkt hat? Du kannst das geben, was du für das Beste hältst. Gott fühlt, dass Sein Mitleid das Beste ist, was Er dir geben kann. Dank Seines Mitleids hast du das spirituelle Leben angenommen. Du solltest fühlen, dass deine Dankbarkeit das Beste ist, das du Ihm dafür zurückgeben kannst. Deine Dankbarkeit ist bei weitem deine beste Eigenschaft, deshalb schenke Ihm deine Dankbarkeit. Je mehr Dankbarkeit du Ihm gibst, desto mehr wirst du von Ihm empfangen können.

Es gibt viele Wege,
Gottes Angesicht zu sehen.
Doch es gibt nur einen Weg,
zu Füßen Gottes zu sitzen,
und dieser Weg ist,
ständig
den Atem der Dankbarkeit einzuatmen.

Ich bin meinem höchsten Geliebten äußerst dankbar, weil Er mir die Widmungsfähigkeit gegeben hat, mit dem Buddha-Bewusstsein eins zu werden.

Um vollkommene Dankbarkeit zu entwickeln, versuche bitte zuallererst zu fühlen, dass Dankbarkeit in deinem Herzen wohnt. Dann frage dich, ob du selbst das Herz bist. Deine Antwort wird sofort sein: "Eine Minute am Tag!" Die restliche Zeit bist du der Verstand oder der Körper oder das Vitale. Wenn du aber fühlen kannst, dass du das Herz bist - nicht nur eine flüchtige Sekunde oder eine flüchtige Minute lang, sondern vierundzwanzig Stunden am Tag, und wenn du die Gegenwart deines Herzens als deine eigene Existenz fühlen kannst, dann wirst du ganz leicht Dankbarkeit fühlen können, denn Dankbarkeit lebt im Herzen.

Ein Dankbarkeitsherz
kann augenblicklich
die Erfüllungen des Lebens vervielfachen.

*Ich bin meinem geliebten Supreme
äußerst dankbar, weil Er mir die
Vollkommenheitsfähigkeit gegeben hat,
mit dem Krishna-Bewusstsein
eins zu werden.*

Wie kannst du deine Dankbarkeit vergrößern? Wenn du fühlen kannst, dass du das Herz bist, versuche zu spüren, dass dein Herz unaufhörlich groß, größer, am größten wird. Es ist wie bei einem Vater, dessen Gehalt ständig wächst. Genauso wächst die Fähigkeit deines Herzens ständig. Wenn der Vater reicher wird, wird auch das Kind reicher, denn es weiß, dass der Besitz seines Vaters ebenso ihm gehört. Wenn sich das Herz also ständig ausdehnt, wenn seine Fähigkeit ständig zunimmt, dann wächst auch die Dankbarkeit und nimmt an Fähigkeit zu.

*Wer ein Dankbarkeitsherz besitzt,
wird erkennen,
dass Gottes Glückseligkeit in ihm
Gottes nie endender Anfang ist.*

Ich bin meinem geliebten Supreme äußerst dankbar, weil Er mir die Erfüllungsfähigkeit gegeben hat, mit Ihm eins zu werden – mit Seinem schon manifestierten Bewusstsein und mit Seinem Bewusstsein, das noch zu manifestieren ist.

Wenn du einmal einen Vollkommenheitsbaum besitzt und ihn in vollkommenem Zustand erhalten willst, musst du jeden Augenblick Dankbarkeit anerbieten. Du berührst die Wurzeln des Baumes und bist dankbar. Mit Dankbarkeit berührst du den Fuß des Baumes, den Stamm des Baumes, die Äste des Baumes, die Blüten des Baumes, die Früchte des Baumes. Wenn die Dankbarkeit deines Herzens zum Vorschein kommt, wenn du reine Dankbarkeit wirst, so ist diese Dankbarkeit wie ein Strom, ein Strom von Bewusstsein. Wenn dein Bewusstsein fließt, fühle, dass dieser Strom von Dankbarkeit wie ein Fluss ist, der den Wurzeln des Baumes und dem Baum selbst Wasser spendet. Nur durch Dankbarkeit wird dein Bewusstseinsfluss fließen und dem Vollkommenheitsbaum in dir Wasser spenden.

*Ein Dankbarkeitsherz
wird unfehlbar
zu Gottes Unsterblichkeitsfestmahl
eingeladen werden.*

Ich bin meinem geliebten Supreme
dankbar, weil Er mir
aus Seiner unendlichen Güte
die Fähigkeit gegeben hat,
Ihn mehr zu lieben als mich selbst.

Um den inneren Schrei aufrechtzuerhalten, ist es das Wichtigste, dem Supreme jede Sekunde Dankbarkeit zu schenken. Dein innerer Schrei kommt von Gottes Anteilnahme und Mitleid. Wenn du dankbar bist, wächst sofort dein Schrei; er wird anhaltend und beständig. Wenn du Dankbarkeit darbringst, klettert dein innerer Schrei zum Höchsten empor.

Es gab eine Zeit,
da ich jenen dankbar war,
die meine Seite einnahmen,
auch wenn ich selbst oft unrecht hatte.

Doch jetzt bin ich nur jenen dankbar,
die Gottes Seite einnehmen -
gleich wie schwach sie sind,
gleich wie müßig sie sind.

*Ich bin meinem geliebten Supreme
dankbar, weil Er mir
aus Seiner unendlichen Güte
die Fähigkeit gegeben hat,
Ihn nicht in meine Wunschwelt
hineinzuziehen, sondern
Seine Gegenwart in meiner
Strebenswelt zu erflehen und Ihm
außerdem meinen erdgebundenen Willen
und mein Begierdeleben darzubringen
und seelenvoll auszurufen:
"Dein Wille geschehe."*

Du bist voller Dankbarkeit, wenn Gott deinen Wunsch erfüllt.
Wenn du jedoch auch voller Dankbarkeit zu Gott sein kannst, wenn
Er deinen Wunsch nicht erfüllt, wird Gott schließlich selbst zu dir
kommen - nicht nur, um deinen Wunsch zu ersetzen und zu erfüllen,
sondern um dir zu geben, was Er hat und was Er ist: Unendlichkeit.

*Um mich an Gott zu binden,
hat Gott
Seine Mitleidssonne,
und ich habe
meine Dankbarkeitsflammen.*

*Ich bin meinem höchsten Geliebten
dankbar, weil Er mir
aus Seiner unendlichen Güte
die Fähigkeit gegeben hat,
Seine Bedürfnisse stärker zu empfinden
als meine eigenen.*

Wir sind hier und jetzt auf der Erde, um Gott auf Gottes eigene Weise zu erfreuen. Es ist wahrhaft eine schwierige Aufgabe, doch nur, wenn wir Hürden überwinden, erhalten wir Freude. Wenn wir nicht alles hier und jetzt erledigen, wird es keine Zufriedenheit geben, denn das Ziel von heute ist nur der Ausgangspunkt unserer neuen Reise von morgen. Diese neue Reise und das Ziel der Reise werden kommen und uns begrüßen, denn die Errungenschaften der Seele und das Ziel der Reise sind untrennbar. Wenn wir voller Dankbarkeit schreien, ist es die Seele der Reise, die in und durch uns handelt, was eine glänzende Errungenschaft ist. Und wenn wir voller Dankbarkeit lächeln, ist es das Ziel der Reise, das mit dem Startpunkt des Strebens und dem sich ewig transzendierenden Horizont des Strebens eins geworden ist.

*Ich möchte jeden Tag
zwischen den Dankbarkeitstränen meines Herzens
und dem Vollkommenheitsversprechens-Lächeln
meines Lebens leben.*

Die Blütenblätter meiner Herzensrose werde ich in die Dankbarkeitstränen meines Lebens verwandeln.

Wenn du Dankbarkeit empfindest, fühle, dass eine Blume - eine Lotusblüte oder eine Rose - Blütenblatt für Blütenblatt in deinem Innern aufblüht, und wenn du tiefste Dankbarkeit empfindest, so fühle, dass die Blume vollkommen erblüht ist.

Die Schönheit einer Rose
braucht keine Empfehlung.
Auch der Duft meines Dankbarkeitsherzens
braucht keine Empfehlung.

*Ich werde meinem geliebten Supreme
an jenem Tag ganz besonders
dankbar sein, an dem ich fühlen kann,
dass mein Seelenvogel hier auf der Erde
und dort im Himmel nur für Ihn
in meinem Körperkäfig lebt.*

Wir können Gott Dankbarkeit anerbieten, ganz gleich, in welchem Bewusstsein wir uns befinden. Wenn wir keine guten Gedanken haben, können wir sagen: "O Gott, ich bin Dir so dankbar, denn wie schlecht ich jetzt auch sein mag, vor ein paar Jahren war ich noch unendlich viel schlechter. Dank Deines Mitleids bin ich wenigstens ein Mensch geworden."

*Die Dankbarkeitsflammen deines Herzens
können und werden
eine unsichtbare Kraft erschaffen,
die eines Tages
selbst für dein bloßes menschliches Auge
sichtbar sein wird.*

*Ich werde meinem geliebten Supreme
an jenem Tag ganz besonders
dankbar sein, an dem ich der Welt innen
und außen verkünden kann, dass ich bin,
was Er hat, und dass ich habe,
was Er ist.*

Wenn wir das transzendentale Ziel erreichen, sehen wir, dass
Gott und wir eins sind und ewig eins bleiben werden. Der Mensch
und Gott, das Strebende im Menschen und der Erlöser in Gott
sind gänzlich eins. Einer erfüllt den anderen. Der eine erfüllt
durch die Dankbarkeit seiner Seele, der andere erfüllt durch das
unendliche Mitleid Seiner Seele. Dankbarkeit und Mitleid erfüllen sich gegenseitig - Dankbarkeit durch die strebende Seele des
Menschen und Mitleid durch die erleuchtende Seele Gottes.

*Strebsamkeit beginnt.
Selbsthingabe setzt fort.
Dankbarkeit vollendet.*

Oktober

Selbsthingabe

Selbsthingabe

ist das geeignetste Netz, um das Göttliche einzufangen. Sie ist zugleich handelnde Weisheit und Kraft.

In der Selbsthingabe fühlen wir die unumschränkte Annahme des Göttlichen und des Höchsten. Wenn wir unser Leben völlig hingeben und sagen: "Gott, ich lege Dir mein Leben gänzlich zu Füßen", geht unsere gesamte Existenz in Gott ein. Gott ist allwissend, Gott ist allmächtig, Gott ist unendlich, und so wird unsere Selbsthingabe augenblicklich zum Allwissenden, zum Allmächtigen und zum Unendlichen. Selbsthingabe ist die schnellste Straße, die zum Einssein mit Gott führt. Wenn wir in das Meer des Friedens und der Glückseligkeit springen können, werden wir eins werden mit Gott.

Jetzt, da er
ein auserwähltes Instrument Gottes ist,
lauscht er hingebungsvoll,
wenn Gott auf Zehenspitzen
durch sein Herz geht.

Liebe ist süß, Ergebenheit ist süßer, Selbsthingabe ist am süßesten.

In der Selbsthingabe sagen wir: "Was immer Gott mir geben will, was immer Er mit meinem Leben tun will, ich bin bereit. Ich gebe mich vollständig mit meinem Lebensatem, meinem ganzen Dasein hin. Selbst wenn Gott meine Hilfe, mein Leben oder mein Dasein nicht will, werde ich glücklich sein." Zu diesem Zeitpunkt wollen wir nur den Willen Gottes, des Höchsten. Das ist wahre Selbsthingabe.

*Ich werde nicht länger
meine normale Vernunft gebrauchen,
denn meine normale Vernunft
ist etwas Gewöhnliches,
das jeder besitzt.
Von nun an werde ich
nur eine Vernunft gebrauchen:
Meine Selbsthingabevernunft,
die nur in Gott
und für Gott alleine lebt.*

Selbsthingabe an Gottes Willen ist die höchste Verwirklichung unserer verborgenen Kraft.

Es ist sehr einfach, 'Dein Wille geschehe' zu sagen. Doch wenn wir das sagen, müssen wir uns mit Gottes Willen identifizieren. Wie? Durch Selbsthingabe. Wenn wir uns wirklich hingeben, werden wir eins mit Gottes Willen. Es kann im spirituellen Leben keine höhere Errungenschaft und keine mächtigere Waffe geben als Selbsthingabe.

Wenn Gottes Weg
der richtige Weg ist,
dann kann auch mein Weg
der richtige Weg sein.
Wie?
Einfach, indem ich schlaflos
Gottes Weg folge.
Da Gottes Weg
nicht so schwierig ist,
lass mich doch meinen Weg
an Gottes Weg hingeben.
Dann wird mein Weg augenblicklich
genauso einfach wie Gottes Weg,
Gottes vollkommener Weg.

Selbsthingabe ist Gottes Gottkraft in Seinem eigenen winzigen menschlichen Körper.

Selbsthingabe ist Entfaltung. Sie ist die Entfaltung unseres Körpers, unseres Verstandes und unseres Herzens in der Sonne göttlicher Fülle in uns. Selbsthingabe an diese innere Sonne ist der größte Triumph des Lebens. Der Jagdhund des Fehlschlags kann uns nicht aufspüren, wenn wir uns in dieser Sonne befinden. Dem Prinz des Bösen misslingt es, uns zu berühren, wenn wir unser Einssein mit dieser ewig lebensspendenden Sonne erkannt und verankert haben. Selbsthingabe weiß, dass eine lenkende Hand da ist, und fühlt, dass diese lenkende Hand stets gegenwärtig ist. Diese Hand mag den Strebenden schlagen oder segnen, doch der hingegebene Strebende hat die Wahrheit erkannt, dass alles, was vom Höchsten kommt, mit Gutem und mit Licht erfüllt ist.

Wie verbringe ich meine Zeit?
Ich lehre mein Herz,
mit der Liebesfeder
Briefe der Selbsthingabe
an meinen geliebten Supreme zu schreiben.

*Mein erfolgreicher Tag beginnt,
wenn ich fühle,
dass ich Gott geben kann, was ich habe:
mein Leben der Selbsthingabe.*

Unsere Selbsthingabe ist etwas äußerst Wertvolles. Gott allein verdient sie. Wir können unsere Selbsthingabe einem anderen Menschen anbieten, doch nur in der Absicht, Gott zu verwirklichen. Wenn dieser Mensch sein Ziel schon erreicht hat, kann er uns auf unserer spirituellen Reise helfen. Doch wenn wir uns jemandem hingeben, nur um diese Person zufrieden zu stellen, begehen wir einen himalayahohen Fehler. Wir sollten uns rückhaltlos dem Herrn in ihm hingeben. Jede unserer Handlungen sollte dazu dienen, Gott zu erfreuen, und nicht dazu, Beifall zu ernten. Unsere Handlungen sind zu geheim und zu heilig, um sie vor anderen zur Schau zu stellen. Sie sind für unseren eigenen Fortschritt, unsere eigene Errungenschaft und unsere eigene Verwirklichung bestimmt. Unsere Selbsthingabe kennt keine Grenzen.

*Von heute an
werde ich versuchen,
eine neue Art von Erfolg zu haben.
Meine bewusste Selbsthingabe
an den Willen meines geliebten Supreme
wird mein einziger Erfolg sein.*

Wir können nur dann von Gottes Mitleid geführt werden, wenn wir uns unserer inneren Existenz bewusst sind. Wenn wir von Gottes Mitleid geführt werden, werden uns innerer und äußerer Gehorsam gegenüber Seinem Willen begleiten.

Du unterwirfst dich ständig irdischen Dingen: dem Lärm, den Verkehrsampeln, der Regierung. Du fühlst, dass du gänzlich verloren bist, wenn du dich diesen Dingen nicht unterwirfst, während du doch zumindest dein Dasein auf der Erde aufrechterhalten kannst, wenn du dich ihnen fügst. Du fühlst, dass du annehmen musst, was immer die Erde dir gibt, selbst wenn es eine Form des Leidens ist. Wenn du ein strebendes Leben führen möchtest, musst du das gleiche Gefühl spirituellen Dingen gegenüber empfinden. Du musst dich völlig verloren fühlen, wenn du nicht betest, wenn du nicht meditierst. Wenn du nicht schreist, wenn du dich nicht der höheren Göttlichkeit hingibst, wird deine gesamte Existenz wertlos sein. Du musst erkennen, dass du ohne die innere Führung völlig hilflos und verloren bist. Und diese innere Führung kommt nur, wenn du deine Unwissenheit wirklich an dein inneres Licht hingeben willst.

*Im Leben kann es
keinen besseren Start geben,
als deine Erwartungen
an Gottes Willen hinzugeben.*

Göttliche Selbsthingabe ist unsere Selbsthingabe an unseren eigenen höchsten Teil.

Strebende Menschen werden versuchen, über irdische Umstände und Ereignisse hinauszugehen und sich ihrer inneren Göttlichkeit hinzugeben. Dies ist nicht die Unterwerfung eines Sklaven unter seinen Herrn. Es ist keine hilflose Hingabe. Hier übergibt man seine Unvollkommenheiten, Beschränkungen, seine Knechtschaft und Unwissenheit seinem eigenen höchsten Selbst, das von Frieden, Licht und Wonne durchflutet ist.

Ich werde Dir mein 'Ich'
zu Füßen legen.
Ich werde Dein 'Ich'
in meinem Traum annehmen.
Ich werde die Wellen des Friedens
in Deinen Augen sehen.
Ich werde Dich mit meinem süßen Erwachen
binden.
O erhabene Schönheit,
in meinem Leben und in meinem Tod
werde ich nur Dein Siegesbanner hochhalten.

Durch die Idendifikation des eigenen Willens mit dem göttlichen Willen wächst die Empfänglichkeit von selbst.

In wahrer Selbsthingabe fühlen wir, dass sich unser dunkelster Teil unserem lichtvollsten Teil übergibt, dass sich unser unerleuchteter Teil unserem völlig erleuchteten Teil hingibt. Nehmen wir an, meine Füße seien im Dunkeln und mein Kopf sei im Licht. Meine Füße fügen sich meinem Kopf, weil sie genau wissen, dass sowohl die Füße als auch der Kopf Teile desselben Körpers sind. Dies ist Hingabe, die auf Einssein gründet. Man praktiziert Selbsthingabe in dem Wissen, dass der lichtvollere Teil ebenso zu einem selbst gehört.

Selbsthingabe erleidet keinen Verlust.
Selbsthingabe erleidet keinen Misserfolg.
Selbsthingabe erleidet kein Gefühl von Unwürdigsein.

*Je vollständiger die Selbsthingabe
des Strebenden ist,
desto strahlender ist das Lächeln
seines psychischen Wesens.*

Um wahre Abhängigkeit zu haben, muss man fühlen, dass man ohne die göttliche Gnade des Supreme hoffnungslos ist. Wenn du fühlst, dass du ohne die Hilfe des Höchsten nicht atmen kannst, wenn deine Abhängigkeit völlig aufrichtig ist, dann ist das Selbsthingabe. Wenn du einatmest, bist du von deinem Lebensatem abhängig. Wenn dich dein Lebensatem verlässt, hörst du auf zu existieren. Wenn du gleichermaßen fühlen kannst, dass du völlig vom Willen des Supreme abhängst, der weit wichtiger als dein Lebensatem ist, dann ist diese Abhängigkeit wahre Selbsthingabe.

*Ein bedingungsloses Selbsthingabe-Haupt
trägt die Krone
der Glückseligkeit Gottes.*

*G*ott hat mir die erforderliche
Selbsthingabe gegeben,
um Ihm in der Nacht des Endlichen
und im Licht des Unendlichen zu folgen.

In unserem spirituellen Leben kommt ein Zeitpunkt, an dem wir erkennen, dass wir mit dem, was wir haben - sei es materieller Reichtum oder innerer Reichtum -, oder mit dem, was wir sind, nicht zufrieden sind. Zu diesem Zeitpunkt sind wir bereit für unsere Selbsthingabe. Wie gibt man sich selbst? Es ist sehr einfach. Wenn wir das Bedürfnis nach Selbsthingabe verspüren, werden die Mittel ganz von selbst kommen. Wenn wir Selbsthingabe verzweifelt brauchen, wenn wir den inneren Drang der Seele spüren, wenn sich unser ganzes Wesen Gottes Willen hingeben will, dann wird uns von allein mehr als das Nötige an Fähigkeit, innerer Versicherung, Mitleid und Licht von oben und von innen gegeben werden. Wenn wir uns selbst hingeben, entleeren wir all unsere Unreinheit in Gott, und Er ersetzt sie mit Seiner Reinheit und Seiner Göttlichkeit.

Wer Gott
auf Gottes eigene Weise erfreut,
wird alle irdischen und himmlischen Erfahrungen
in seinem Leben
als angenehm empfinden.

Im Leben gibt es viele Fragen,
doch Selbsthingabe an Gottes Willen
ist die einzige Antwort.

Selbsthingabe an Gottes Willen hängt ausschließlich von unserer Notwendigkeit ab. Selbsthingabe wird dann für uns möglich sein, wenn wir fühlen, dass unser Leben bedeutungslos ist, dass wir nicht zufrieden oder erfüllt sein werden, solange wir unsere irdische Existenz nicht Gottes Willen hingeben. Gott kann uns niemals zur Selbsthingabe zwingen; wir sind es, die die Notwendigkeit fühlen müssen, Gott zu lieben und uns jede Sekunde Gott zu weihen.

Diejenigen, die den Supreme
auf Seine eigene Weise erfreuen wollen,
werden die schnellste Erfüllungsgeschwindigkeit
des Himmels besitzen.

Diejenigen, die den Supreme
nicht auf Seine eigene Weise erfreuen wollen,
werden die allerlangsamste
Frustrations-Zerstörungsgeschwindigkeit
der Erde besitzen.

*Wenn mein Herz vorbehaltlos
und seelenvoll dem Willen Gottes folgt
und ich ihn als meinen eigenen Willen
annehme, wächst unendliche Freude
in meinem Herzen, und ewige Freude
durchströmt mein Herz.*

Bei vollständiger Selbsthingabe gibt es keinen Misserfolg. Selbsthingabe bedeutet die größte Freude, die tiefste Freude, die seelenvollste Freude, selbst im sogenannten Misserfolg. Erfolg schenkt uns die gleiche Freude. Wenn wir in einer Sache erfolgreich sind, erhalten wir von unserem Erfolg sofort Freude. In gleicher Weise erhalten wir von der höchsten Quelle jeden Augenblick reine, ungetrübte Freude, wenn unser inneres und äußeres Leben mit dem Licht der Selbsthingabe durchflutet ist. Wenn wir diese Art spontaner innerer Freude besitzen, können wir fühlen, dass sie ausschließlich von unserer vollständigen Selbsthingabe an den inneren Führer, an Gott, kommt.

*Warum gibst du dich nicht einfach hin?
Du wirst sehen,
dass ein Leben der Selbsthingabe
der einzige Weg ist,
dich vollständig
und darüber hinaus dauerhaft
glücklich zu machen.*

*I*m Leben mag uns alles
im Stich lassen, außer Selbsthingabe.
Selbsthingabe hat einen freien Zugang
zu Gottes Allmacht.
Deshalb ist der Weg der Selbsthingabe
die vollkommene Vervollkommnung
des Schutzes.

Vom spirituellen Gesichtspunkt aus kommt göttliche Selbsthingabe von Willenskraft. Wenn wir einen unerschütterlichen Willen besitzen, werden wir die Fähigkeit zur bedingungslosen Selbsthingabe erhalten, und wenn wir uns andererseits Gott bedingungslos hingeben können, werden wir die Fähigkeit erhalten, Willenskraft zu entwickeln. Innere Willenskraft, die das Licht der Seele ist, und Selbsthingabe, die das Einssein unseres Herzens mit dem Absoluten ist, gehen immer Hand in Hand. Sie sind untrennbar. Es kann keinen Unterschied zwischen der Willenskraft der Seele und der bedingungslosen Selbsthingabe unseres gesamten Wesens an den Willen des Höchsten geben. Beide sind gleich stark.

Diese Welt hat dir nichts zu geben.
Eines Tages wirst du plötzlich beginnen,
deinen eigenen Weg zu gehen.
Dein Weg wird dir ebenfalls
nichts geben.
Schließlich wirst du beginnen,
Gottes Weg zu gehen,
denn dies ist der einzige Weg.

Von jetzt an wird mein Leben der Selbsthingabe an Gottes Willen mein unfehlbarer Führer sein.

Um Frieden in grenzenlosem Maße zu besitzen, müssen wir unseren erdgebundenen Willen dem himmelfreien Willen Gottes hingeben. Wir müssen unsere begrenzte menschliche Wirklichkeit fröhlich, seelenvoll, ergeben, rückhaltlos und bedingungslos der universalen oder transzendentalen Wirklichkeit hingeben. Diese Hingabe ist nicht wie die Unterwerfung eines Sklaven unter seinen Herrn. Sie gründet auf dem Weisheitslicht, das einen Unterschied zwischen unserer eigenen höchsten Höhe und unserer eigenen niedersten Tiefe erkennt. Beide, das Höchste wie auch das Niederste, gehören zu uns. Wenn wir unseren Willen dem Willen des Höchsten unterstellen, bringen wir unseren niedersten Teil unserem höchsten Teil dar, denn der Supreme ist niemand anderes als unser eigenes höchstes Selbst.

Im spirituellen Leben
ist ein Selbsthingabeleben
die einzige Quelle eines Zufriedenheitsherzens.

Wenn wir uns Gottes Willen bedingungslos hingeben können, werden wir augenblicklich wissen, was Gott von uns will und was wir tun sollen.

Lasst uns versuchen, den Supreme in uns auf Seine eigene Weise fröhlich, seelenvoll und bedingungslos zufriedenzustellen. Wenn wir Ihn auch nur ein einziges Mal von hundert Malen auf unsere eigene Weise zufriedenstellen, werden wir uns elend fühlen, denn dieses eine Mal werden wir von unserer Quelle getrennt sein. Für einen aufrichtigen Sucher bedeutet es, unsägliche Qualen zu erleiden, wenn er auch nur eine flüchtige Sekunde lang von seiner Quelle getrennt bleibt. Lasst uns deshalb versuchen, den Supreme jeden Augenblick auf Seine eigene Weise zu erfüllen.

*Wenn du
vollständig erwacht bist,
gibt es für dich
nur einen Weg:
Gottes Weg,
einzig und allein Gottes Weg.*

*Wenn Gottes Wille mein Wille ist,
brauche ich nichts aufzugeben,
denn Er ist mit allem und in allem.*

Wie können wir Versuchungen überwinden? Wir können sie nur überwinden, indem wir uns hingeben - nicht den Versuchungen, sondern dem göttlichen Licht, dem göttlichen Willen. Wie können wir das tun? Indem wir während unserer Meditation bewusst zu fühlen versuchen, dass wir das Instrument sind und jemand anders der Spieler ist. Und wer ist dieser 'jemand'? Es ist der innere Führer. Wenn wir uns selbst als den Handelnden betrachten, werden sich die ungöttlichen Kräfte über uns lustig machen. Sie werden kommen und uns stolz, hochmütig, ungöttlich, unrein und unsicher machen. Deshalb müssen wir während unserer Meditation zum Supreme beten: "O Herr, ich bin Dein Instrument. Ich bin Dir so dankbar, dass Du mich zu einem bewussten Instrument gemacht hast. Bitte gebrauche mich auf Deine eigene Weise."

*Mein äußeres Leben
wird niemals erfolgreich sein,
und mein inneres Leben
wird niemals Fortschritt machen,
solange ich nicht
einen völlig neuen
Selbsthingabeweg erfinde.*

*Wir werden Gott
am leichtesten und schnellsten
verwirklichen,
wenn Selbsthingabe unser Zugang
zur Gottverwirklichung ist.*

Es gibt zwei Arten von Selbsthingabe. Die eine Art der Hingabe geschieht unter Zwang. Es ist die Unterwerfung eines Sklaven unter seinen Herrn. Er weiss, dass er bestraft werden wird, wenn er seinem Herrn nicht dient, wenn er sich nicht den Launen und Wünschen seines Herrn unterwirft. Diese Unterwerfung ist auf Angst gegründet. Doch göttliche Selbsthingabe ist etwas anderes. Hier übergeben wir unsere Unwissenheit, Unfähigkeit und Unvollkommenheit dem inneren Führer, der durch und durch Licht, Erleuchtung und Vollkommenheit ist. Wenn wir das spirituelle Leben beginnen, erkennen wir schließlich, dass wir mit der Übergabe unserer Unwissenheit nur unsere niederste Wirklichkeit unserer höchsten Wirklichkeit hingeben. Diese Selbsthingabe gründet auf Liebe und Einssein.

*Was hat mein Leben
gerettet und erleuchtet?
Nicht mein Besitzleben,
sondern mein fröhlicher Selbsthingabe-Atem
an den Willen meines Herrn.*

Gebet drückt sich in meinem täglichen Leben am besten aus, wenn mein Gebet eine spontane, sich selbstgebende Überantwortung an den Willen Gottes geworden ist.

Wenn wir beten und meditieren, entdecken wir in uns eine Art göttliche Selbsthingabe, die uns fühlen lässt, dass Gott und wir im wesentlichen eins sind. Er ist unser ewiger Vater, Er ist unser erleuchtetster Teil, unsere Quelle, zu der wir jetzt emporsteigen und in die wir jetzt eingehen. Wir verlieren also nichts, indem wir uns Ihm hingeben. Im Gegenteil, wir kehren zu unserer Quelle zurück und werden zu dem, was wir ursprünglich waren. Das Endliche tritt bewusst und freudig in das Unendliche ein. Jeder von uns ist nur wie ein kleiner Tropfen. Wenn ein winziger Tropfen in den Ozean fällt, verliert er seine Individualität und wird eins mit der unendlichen Weite des Ozeans.

Überantworte dich deinem höherem Leben.
Dein niederes Leben
wird mit einem strahlenden Lächeln
von Gott gesegnet werden,
und dein höheres Leben
wird mit einer neuen Botschaft
von Gott gesegnet werden.

Uneingeschränkte Selbsthingabe an das Göttliche ist die einzige Kraft, die einem Strebenden beim Ringen mit allen äußeren und inneren Problemen des Lebens helfen kann.

Wir überantworten nicht unsere Identität. Wir überantworten nur unsere beschränkte, erdgebundene Individualität, jene Individualität, die uns bindet, die ,ich und mein' anstelle von ,wir' sagt. Wir versuchen, unsere bewusste Identität mit Gott und Gottes Willen zu entwickeln, um ein untrennbares Einssein mit Ihm zu erlangen. Zu diesem Zeitpunkt macht es uns nichts aus, unsere kümmerliche menschliche Individualität zu verlieren, denn wir gewinnen Gottes unendliche Weite dafür.

Alles was wir tun,
muss auf Selbsthingabe beruhen.
Was immer wir
ohne Selbsthingabe tun mögen,
wird völlig bedeutungslos bleiben.

Das höchste Gebet lautet:
"Herr, gib mir, wenn es Dein Wille ist;
nimm mich, wenn es Dein Wille ist.
Ich habe nur eine Botschaft für Dich:
Ich bin ganz für Dich, nur für Dich."

Aufgrund seines aufrichtigen Strebens sagt ein wahrer Sucher:
"O Gott, wenn Du fühlst, dass ich Deine Schau haben sollte,
wenn Du fühlst, dass Du Dich in mir und durch mich erfüllen
willst, wenn Du fühlst, dass Du mich als Dein Instrument gebrauchen
kannst, stehe ich zu Deinen Diensten. Wenn Du willst,
dass ich vor Dir stehe, werde ich kommen und vor Dir stehen.
Wenn Du vor mir stehen willst, werde ich ebenso glücklich sein.
Wenn Du keines von beidem willst, sondern willst, dass jemand
anderes vor Dir steht, werde ich immer noch glücklich sein." Das
ist, was wir Selbsthingabe nennen. Das ist die letzte und höchste
Selbsthingabe.

So wie dein Herz
kannst auch du nur glücklich sein,
wenn du Gott danach fragst,
wie die Dinge
auf Gottes eigene Weise
getan werden können.

> *Wenn der göttliche Ruf kommt,*
> *musst du alles aufgeben.*
> *Dann, wenn du alles aufgibst,*
> *erhältst du das Unendliche.*

Ein Sucher muss wissen, was sein Ziel ist. Wenn Gottverwirklichung sein Ziel ist, kann er mit diesem Ziel vor Augen beginnen. Doch das letzte und höchste Ziel ist bedingungslose Selbsthingabe an Gottes Willen. Wenn Gott sieht, dass Sein Kind, Sein ergebenstes Kind, diese bedingungslose Hingabe vollzogen hat - nicht für eine Sekunde, nicht für einen Tag oder ein Jahr, sondern für ein ganzes Leben, für alle zukünftigen Inkarnationen, für alle Ewigkeit -, nur dann umarmt Gott Sein liebstes, Sein süßestes, Sein ergebenstes Kind. Wenn diese Umarmung stattfindet, verwandelt sich der Mensch in Gott selbst.

Überantworte dein gewöhnliches Denken:
Dass du nur ein Mensch bist.
Überantworte dein irdisches Ziel:
Ruhm und Ansehen.
Empfange augenblicklich,
was Gott für dich bereithält:
Die Unsterblichkeitskrone Seiner Ewigkeit.

Vollkommene Entsagung und vollständige Selbsthingabe sind die Vorder- und Rückseite derselben ambrosischen Münze.

Wie können wir wissen, ob etwas Gottes Wille ist? Wenn etwas Gottes Wille ist, werden wir eine Art innere Freude oder Erfüllung verspüren, noch bevor wir es beginnen. Während wir arbeiten, werden wir ebenfalls Freude erhalten. Schließlich werden wir gleichermaßen glücklich sein, ob unsere Handlung nun fruchtbar ist oder nicht. Im gewöhnlichen Leben sind wir nur glücklich, wenn sich Erfolg abzeichnet. Nur wenn wir am Ende unserer Reise einen Sieg sehen, sind wir zufrieden und beglückt. Wir können uns aber nur dann ganz sicher sein, nach Gottes Willen gehandelt zu haben, wenn wir die gleiche Art von Glück, Freude und Erfüllung bei Erfolg oder Misserfolg empfinden können, und wenn wir das Resultat unserer Handlungen unserem geliebten Supreme fröhlich zu Füßen legen können. Andernfalls haben wir bei einem Erfolg das Gefühl, was wir getan haben, sei Gottes Wille gewesen, und bei einem Misserfolg sagen wir, was wir getan haben, sei der Wille einer negativen Kraft gewesen. Oder wir behaupten bei einem Erfolg, er sei durch unsere eigene Anstrengung, durch unseren eigenen Willen zustandegekommen, und bei einem Misserfolg sagen wir, Gott habe sich nicht um das Ergebnis gekümmert.

Du wirst unweigerlich Gottes Willen erkennen,
wenn du Gott erlaubst,
für dich Wirklichkeit zu werden.

*Du kannst nur dann Gott
für alle deine Handlungen
verantwortlich machen, wenn du alles,
was du bist, Gott hingegeben hast.*

Wir können Gott nach unserem freien Willen die Schuld geben. Wir können Ihn nach unserem freien Willen missverstehen. Wenn wir scheitern, können wir Gott die Schuld dafür geben, und wenn wir erfolgreich sind, können wir versuchen, den Ruhm für uns zu beanspruchen. Wenn wir jedoch aufrichtige Sucher sind und wirklich und dauerhaft glücklich sein wollen, werden wir das tun, was wir als gut und richtig empfinden, und die Ergebnisse dem Supreme darbringen. Erfolg und Misserfolg sind zwei Erfahrungen. Diese beiden Erfahrungen müssen wir vereinen, und ganz egal, welche Erfahrung wir auch am Ende unserer Bemühungen erhalten, wir müssen sie dem Supreme mit größter Freude darbringen. Wenn wir das Ergebnis seelenvoll, fröhlich, rückhaltlos und bedingungslos unserem geliebten Supreme zu Füßen legen können, werden wir unweigerlich wahren inneren Frieden erhalten. Zu diesem Zeitpunkt wird innerer Frieden an die Türe unseres Lebens klopfen. Wir werden nicht auf Frieden warten müssen; er wird auf uns warten.

*Was bedeutet Hingabelicht,
wenn nicht,
deine ganze irdische und
himmlische Existenz
Gott zu geben?*

*Meine Vergangenheit
wurde an dem Tag vollständig zerstört,
an dem ich meine sich hingebenden
Gedanken zu Hilfe nahm,
um meinen Gott zu erreichen.*

Wir werden zum Lamm Gottes, wenn wir uns bedingungslos Gottes Willen hingeben, und wenn uns Gott bedingungslos und ständig fühlen lässt, dass wir nicht nur Seine auserwählten Instrumente, sondern auch Seine ewigen Freunde sind. Ihn zu verwirklichen, Ihn zu erfüllen und Ihn auf der Erde zu offenbaren, dafür sind wir auf die Welt gekommen. Als wir die Welt betraten, gab uns Gott Sein inneres Versprechen, unsere Wirklichkeit zu enthüllen und unsere Göttlichkeit zu offenbaren. Und wenn wir zum Himmel zurückkehren, wird Gott uns sagen, dass wir unsere Rolle gespielt und Sein Versprechen hier auf der Erde erfüllt haben.

*Ein spiritueller Sucher
braucht nicht auf vielen Straßen zu reisen.
Er muss nur einer Straße folgen:
Der Straße der Selbsthingabe.*

**Dein Streben
nach Gottverwirklichung und
deine Selbsthingabe an Gottes Willen
töten all deine Angst - die schon
geborene wie die noch ungeborene.**

Wenn Gottes Wille unser Wille wird, wenn wir Gott nicht nur die Besitztümer und Errungenschaften der äußeren Welt, sondern auch das Gewahrsein, das Streben und die Verwirklichung der inneren Welt überantworten, werden wir zum Löwen Gottes. Wenn wir nicht streben, ist Gott in uns ein schlafender Löwe. Wenn wir streben, beten und meditieren, wird Gott in uns zu einem brüllenden Löwen. Dieser brüllende Löwe verschlingt unsere wuchernde Dunkelheit und Unwissenheit.

*Bald wird zu verkünden sein:
Mein Vitales hat sich
Gottes all-liebendem Herzen
und all-erleuchtendem Auge
freudig und bedingungslos
hingegeben.*

Der überaus glorreiche Beginn
meines Lebens voller Wunder:
Ich habe begonnen, Gott,
meinen geliebten Supreme,
auf Seine eigene Weise zu lieben.

Der bei weitem beste Weg, um Fortschritt zu machen, besteht darin, ständig zum Supreme zu beten, dass Er Sich auf Seine eigene Weise durch dich erfüllt. Es ist kein Fehler, zum Supreme um Frieden, Licht und Wonne oder um sonst etwas wirklich Gutes zu beten. Doch wenn du einen Schritt weiter gehen willst, wirst du beten: "Bitte erfülle Dich in und durch mich auf Deine eigene Weise." Das ist bei weitem der beste Weg, um Fortschritt zu machen. Doch wenn du dazu nicht immer fähig bist, dann tue das Zweitbeste und bete um Frieden, Licht, Wonne und andere göttliche Eigenschaften. Diese göttlichen Eigenschaften bringen dich schließlich zu Ihm und geben Dir die Fähigkeit, Ihm auf Seine eigene Weise zu gefallen.

Mein Weg ist es nicht,
der Welt zu folgen.
Mein Weg ist es nicht,
die Welt zu führen.
Mein Weg ist es,
gemeinsam mit Gott zu gehen.

Bedingungslose Selbsthingabe kommt nur, wenn der Verstand mit der Seele völlig eins geworden ist.

Wer sagt, dass du den Willen des Supreme nicht kennst? Gibt es jemanden, der den Willen des Supreme nicht kennt? Nein. Wenn du im Herzen bleibst, wirst du in jedem Augenblick wissen, was Gottes Willen ist. Doch wenn du im Verstand bleibst, wirst du niemals fähig sein, den Willen des Höchsten zu erkennen. Du magst großartige Gedanken und überragende Ideen erhalten, aber sie werden nicht der Wille des Supreme sein. Siege und Niederlagen des Lebens, die Annahme oder Ablehnung des Lebens sind in den Augen des Höchsten nicht die letzte und höchste Wirklichkeit. Er lacht über unsere Annahme oder Ablehnung einer Sache, über unsere Siege und Niederlagen. Doch Er lächelt uns triumphierend zu, wenn Sein Wille unser Wille wird. Wir brauchen nichts Großartiges in der äußeren Welt zu werden, um der Welt oder Ihm zu beweisen, dass wir Seine würdigen Instrumente sind. Er interessiert sich niemals für unseren irdischen Status. Ihn interessiert nur eines: unser ständiges Einssein mit Seinem Willen.

Gott liebt mich.
Mehr noch liebt Er mein hilfloses Herz.
Am meisten liebt Er mein Hingabeleben.

*Die Seele in mir ist für Gottes ständigen Gebrauch.
Der Körper in mir ist für Gottes ständigen Gebrauch.
Mein ganzes Leben ist für Gottes ständigen Gebrauch.*

Wenn ein Strebender dem Willen Gottes vollkommen ergeben ist, wird er unermessliche Freude erhalten. Er wird nichts als Freude in seinem Herzen fühlen und wird in ständiger Freude leben. Er wird sie nicht begründen oder erklären können. Schon beim Aufstehen am frühen Morgen wird er ein sehr süßes Gefühl oder eine sehr süße Empfindung verspüren. Wenn er eine Mauer berührt, wird er Freude verspüren; wenn er einen Spiegel berührt, wird er ebenfalls Freude verspüren. Seine eigene Freude dringt in alles ein, was er sieht. Zuweilen mag er sehen, dass eine solide Mauer voller Freude ist, daß ein Baum voller Freude ist. Wenn ein Taxi vorbeifährt, wird er intensive Freude im Fahrer, ja sogar im Auto selbst sehen. Seine innere Freude wird in jeden Menschen, in jeden Gegenstand eindringen, und sie wird alles durchdringen.

*Deine Selbsthingabe-Annahme
von Gottes Willen
hat eine neue Hoffnung
für die ganze Welt geschaffen.*

Innere Selbsthingabe verwandelt das Leben in einen unendlichen Fortschritt. Sie gibt dem Leben die seelenvolle Versicherung, dass es in Gott lebt, und nur in Gott.

Wenn wir dem Pfad der Spiritualität folgen, versuchen wir jeden Augenblick auf die Weisungen unseres inneren Wesens zu hören. Je mehr wir auf unser inneres Wesen hören, desto größer ist unsere Freude und desto tiefer unsere Erfüllung. Und wenn unsere Zeit dann abgelaufen ist, wenn wir für eine kurze Ruhepause in eine andere Welt eintreten müssen, überantworten wir uns ebenfalls. Wem? Dem inneren Führer, dem höchsten Herrn. Am Ende unserer Reise überantworten wir dem Supreme den Atem unseres Lebens. Dann erhalten wir abermals Freude, vollkommene Freude, ungetrübte Freude.

Ich überantworte mich dem Supreme nicht,
weil ich mich hilflos fühle,
sondern weil ich fühle,
dass Seine Einsseinswonne etwas ist,
nach dem ich mich in meinem eigenen Leben
schon lange gesehnt habe.

Wir müssen unser bewusstes Einssein mit Gott erlangen. Dann gibt es keine Selbsthingabe, sondern nur ein gegenseitiges Geben und Nehmen.

Es gibt Millionen und Abermillionen von Menschen auf der Erde, die sich der Tatsache nicht bewusst sind, dass sie Instrumente Gottes sind. Aber weil wir das spirituelle Leben angenommen haben, sind wir uns völlig bewusst, dass wir die Instrumente sind und Gott der Spieler. Wenn wir dieses Gefühl aufrechterhalten können, wird es keine Versuchung geben. Solange wir die Handelnden sein wollen, werden falsche Kräfte versuchen, uns anzugreifen und zu verschlingen. Wenn wir jedoch vollkommen hilflos werden und sagen: "Ich bin das Instrument, o Herr. Spiele Du, gebrauche Du mich", dann werden alle Versuchungen kommen und unseren inneren Führer, Gott, angreifen - und Er wird davon nicht im Geringsten berührt werden.

Wer immer
das Hingabelächeln seines Lebens
als bleibende Wirklichkeit erfährt,
ist ohne Zweifel das auserwählteste Instrument
Seines geliebten Supreme.

Wenn der Strebende seinen anzweifelnden Verstand unerbittlich aushungert und seine Selbsthingabe reichlich nährt, sagt Gott: "Die Zeit ist reif. Ich komme."

Menschliche Liebe bindet, göttliche Liebe befreit. Menschliche Ergebenheit ist unser unbewusstes Verhaftetsein, göttliche Ergebenheit ist unser bewusstes Gewahrsein unserer höchsten Wirklichkeit. Menschliche Selbsthingabe ist die Unterwerfung eines Sklaven unter seinen Herrn; göttliche Selbsthingabe ist die Überantwortung des Endlichen an das Unendliche. Diese Hingabe geschieht bewusst, mit ganzem Herzen und bedingungslos, und sie erlaubt dem Menschen, seine Quelle - Gott - zu verwirklichen.

Am Morgen möchte ich
durch meinen aufblühenden Glauben
vervollkommnet werden.

Am Abend möchte ich
durch mein hingebendes Leben
vervollkommnet werden.

November

Dienen

Entscheide dich zu dienen, und die Welt wird sogleich beginnen, dich zu lieben.

Ein spiritueller Mensch hat seine Aufgabe gefunden. Seine Aufgabe ist selbstloses Dienen. Seine Aufgabe ist ergebenes Handeln. Er braucht in der Tat keinen weiteren Segen. Sein Handeln ist die göttliche Annahme des irdischen Daseins. Und dafür braucht er einen vollkommenen Körper, einen starken Verstand, ein seelenvolles Herz und ein zutiefst inspiriertes Leben innerer Empfänglichkeit und äußerer Fähigkeit.

Gestern wollte ich etwas erreichen,
um in der Welt
etwas Großes werden zu können.
Heute ist mein Verlangen gereinigt
und in mein Streben verwandelt,
der Welt zu dienen.

Um Gott zu dienen, möchte ich, dass mein Leben ein Leben selbstloser Schenkung ist.

Willst du, dass dein Leben Gott dient, damit du Seine Mission erfüllen kannst? Wenn ja, dann gib der Seele hier und jetzt ihren Thron zurück. Du hast die Seele vertrieben und das Ego auf ihren Thron gesetzt. Heiße die Seele herzlich willkommen und vereinige dich mit ihr. Dann verlassen dich Furcht, Unwissenheit und schließlich der Tod. Ewigkeit heißt dich willkommen, Unendlichkeit heißt dich willkommen, und schließlich begrüßt dich die Unsterblichkeit.

Willst du strahlen?
Du kannst leicht strahlen
wie die Sonne
in deinem Selbstanerbieten
an Gott im Menschen.

Gott lehrt mich, wie ich Ihm in der Menschheit dienen kann.

Warum arbeiten wir? Wir arbeiten, um uns selbst zu erhalten, um unsere Angehörigen zu erhalten. Vielleicht arbeiten wir auch, um unseren Körper in einwandfreiem Zustand zu erhalten. Ein wahrer Sucher betrachtet Arbeit auf andere Weise. Er betrachtet Arbeit als einen wahren Segen. Für ihn ist jede schwierige und scheinbar qualvolle Arbeit ein verkleideter Segen. Arbeit ist für ihn nichts anderes als geweihter Dienst. Er hat die Wahrheit entdeckt, dass er durch das Darbringen der Ergebnisse dessen, was er sagt, tut und denkt, fähig sein wird, Gott zu verwirklichen. Er arbeitet um Gottes willen. Er lebt um Gottes willen. Er verwirklicht die Göttlichkeit um Gottes willen.

Im Himmel wird den Seelen
ihr Platz gemäß
ihren auf Erden vollbrachten selbstgebenden,
den Menschen dienenden
und Gott liebenden Taten
zugewiesen.

*Enthülle unaufhörlich, was du bist:
ein höchst auserwähltes Instrument
Gottes.*

Während deiner täglichen Aktivitäten solltest du zum Höchsten, zum inneren Führer beten, der in dir und durch dich wirkt. Gott hat unendliche Anteilnahme für die Menschen in allen ihren Aktivitäten. Wenn du keine Anteilnahme hast, so ist das ein Fehler. Du solltest Anteil nehmen, aber du solltest nicht das Gefühl haben, dass diese Anteilnahme von dir kommt. Fühle, dass sie von woanders her kommt, und dass eine innere Hand dich führt. Das ist die richtige Einstellung.

*Wenn du bereit bist, Gott zu sagen,
dass du die Willigkeit besitzt,
wird Gott dir sagen:
"Sieh, Mein Kind, hier bin Ich für Dich
mit Meiner ganzen Fülle."*

*Wenn ich voller Hingabe
an das Licht des Dienens bin,
bin ich mit den Tatkräftigen und
für die Tätkräftigen.*

Wenn wir ständig nur reden, betreten wir bewusst und absichtlich das Reich der Unwissenheit. Wenn wir reden und handeln, sehen wir manchmal eine gähnende Kluft zwischen unserem Reden und unserem Handeln. Wir sagen das eine und tun etwas völlig anderes. Wir legen ein feierliches Versprechen ab, etwas zu tun, aber wenn die Wirklichkeit naht, sehen wir eine gähnende Kluft zwischen unserem Versprechen und seiner Erfüllung. Wenn wir jedoch spontan, seelenvoll und bedingungslos handeln, wenn wir unseren ergebenen Dienst anbieten, so führt uns eine unsichtbare Hand, die uns formt und uns zum wahren Abbild unseres inneren Führers macht. Nur indem wir dem inneren Führer hingebungsvoll in jedem Menschen dienen, können wir unser Leben bedeutungsvoll und fruchtbar machen.

*Wenn du ein Löwen-Führer werden willst,
um brüllend Gott zu manifestieren,
dann verwandle dich augenblicklich
in einen Lamm-Sklaven des Menschen,
des sich entfaltenden Gottes.*

Wahrer selbstloser Dienst ist jener, der kein vorteilhaftes Ergebnis erwartet.

Selbstloser Dienst geschieht nur um des Selbstgebens willen: das Ergebnis kommt von alleine. Wo eine Handlung ist, wird es auch eine Rückwirkung geben. Doch die Handlung wird nicht ausgeführt werden, um uns auf unsere eigene Weise zufrieden zu stellen, sondern um Gott auf Gottes eigene Weise zu erfreuen. Wir werden handeln, wenn wir von innen her inspiriert sind. Wir werden seelenvoll und bewusst arbeiten. Wenn wir ohne Inspiration arbeiten, dann arbeiten wir mechanisch wie Arbeiter in einer Fabrik, die eigentlich nicht dort sein möchten. Dann sind wir zu einer weiteren Maschine geworden. Selbstloses Dienen ist anders. Es ist fröhlich, seelenvoll, bewusst und stetig. Zuerst ist es seelenvoll, dann ist es selbstlos, und wenn es schließlich bedingungslos wird und sich nicht um das Ergebnis kümmert, wird es vollkommenes selbstloses Dienen.

Er ist überglücklich,
weil er zur Vermählung
der Liebe seines Herzens
mit dem Dienst seines Lebens
geworden ist.

Zwei Leben: das menschliche Leben
und das göttliche Leben.
Das menschliche Leben schreit,
um zu leben; das göttliche Leben lebt,
um zu geben.

Wir können und dürfen nichts erwarten, wenn wir von selbstlosem Dienst sprechen. Wenn es hingebungsvolles Dienen ist, können wir eine Belohnung erwarten; doch wenn es selbstlos wird, können wir keinerlei Belohnung erwarten. Wenn wir fähig sind, ohne den Wunsch oder die Erwartung nach einer Belohnung wirklich selbstlos zu dienen, wird das Ergebnis all unserer Erwartungen weit übertroffen. Außerdem erhalten wir schon während des wirklichen selbstlosen Dienens unermessliche Freude. Wir brauchen gar nicht auf ein Ergebnis oder eine Nachwirkung zu warten. Selbstloses Dienen ist selbst schon die größte Freude und höchste Belohnung.

Liebe -
und du wirst die Bedeutung des
menschlichen Lebens erfahren.

Diene -
und du wirst die Bedeutung des
göttlichen Lebens erfahren.

Das Ego in mir hilft der Menschheit.
Die Seele in mir dient der Menschheit.
Der Gott in mir
wird von der Menschheit genährt,
wenn ich erkenne, dass alle Menschen
um mich herum niemand anderes
als Gott selbst sind.

Die einfachste Art, die Flamme deines Strebens zu entzünden, ist durch gewidmetes, selbstloses Dienen. Dieser selbstlose Dienst muss stetig und spontan sein. Wenn du etwas für dich oder für jemand anderen tust, musst du fühlen, dass du dem Supreme dienst.

Willst du dich
Gottes Liebe würdig erweisen?
Dann diene Gott, dem Menschen,
in Gottes unvollendeter Schöpfung.

Wenn du etwas für dich selbst tust, musst du fühlen, dass du dem besseren Teil, dem höheren Teil, dem edleren Teil, dem erfüllenderen Teil, dem erleuchtenderen Teil in dir dienst. Du musst jeden Augenblick fühlen, dass du ein hingebungsvoller Diener bist; Auf diese Weise wird die Flamme deines Strebens höher steigen.

Wer strebt? Derjenige, der fühlt, dass es etwas Höheres, Tieferes, Weiteres und Bedeutungsvolleres gibt als das, was er im Augenblick besitzt. Wer dient? Wenn du sagst, der Untergebene diene dem Höhergestellten, so gilt das nur für die äußere Welt. Du sagst vielleicht, ein Sklave oder Diener dient dem Herrn, weil dieser über ihm steht. Das mag in der gewöhnlichen menschlichen Welt der Fall sein. Doch in der inneren Welt sieht es anders aus. Dort sehen wir, dass der Strebende seinem eigenen besten Teil in sich dient. Er versucht, dem höchsten Teil in sich selbst zu dienen.

Wenn du von Herzen gibst,
wird dein Geben
nicht nur unvorstellbar,
sondern auch unbestreitbar sein.

Nicht, weil Gott unendlich bedeutender ist als ich, diene ich Ihm, sondern weil Er mein geliebter Freund der Ewigkeit, mein geliebter Supreme und mein Ein und Alles der Ewigkeit ist.

Wenn du als Strebender deinem höchsten, deinem besten Teil dienst, so geschieht das nicht nur um des inneren Friedens, des inneren Lichtes und der inneren Glückseligkeit willen, sondern um mit diesem höchsten Teil völlig eins zu werden. Die Rolle des irdischen Dieners ist vorbei, sobald er sein Geld erhält. Er wagt nicht im Traum daran zu denken, eines Tages selbst zum Herrn zu werden. Das übersteigt seine Vorstellungskraft. Wenn du aber als Strebender deinem höchsten Teil dienst, musst du jeden Augenblick fühlen, dass du in diesen höchsten Teil in dir hineinwächst und schließlich bewusst mit deinem eigenen höchsten Teil eins werden wirst.

Die menschliche Natur
ändert sich nicht
und kann sich
nicht ändern
ohne selbstlosen Dienst.

Das goldene Ufer des Jenseits
wird so lange in weiter Ferne bleiben,
bis wir nicht nur an das höchste
Geheimnis des Selbstgebens glauben,
sondern es auch jeden Augenblick
in die Tat umsetzen.

Du musst auf jede erdenkliche Weise - im Denken, im Handeln, durch dein eigenes Dienen, auf der mentalen, vitalen und physischen Ebene - fühlen, dass du ein geweihtes Instrument bist, um von Gott und Gottes Kindern gebraucht zu werden. Nur wenn du in jedem Augenblick fühlen kannst, dass du bereit bist, jenen zu dienen, die streben, die im gleichen Boot wie du, im Boot des Höchsten sitzen, wirst du fühlen können, dass deine Strebensflamme jeden Augenblick hell, heller, am hellsten brennt.

Jeden Morgen muss ich erkennen,
dass ich die goldene Gelegenheit
eines unverbrauchten Tages
vor mir habe,
um ihn auf göttliche Weise
zu nutzen.

*Ein Leben auf der Erde
ist nicht zum Vergnügen bestimmt;
ein Leben auf der Erde
ist dazu bestimmt, sich selbst zu geben.
Dieses Selbstgeben macht uns
schließlich zu dem, was Gott ist.*

Wenn du der Welt wirklich etwas zu geben hast, dann kannst du wahrhaft demütig werden. Solange ein Baum keine Früchte hat, steht er aufrecht. Wenn der Baum aber mit Früchten beladen ist, beugt er sich herab. Wenn du wahre Demut besitzt, ist das ein Zeichen, dass du der Menschheit etwas zu geben hast. Wenn du nur Stolz und Ego bist, wird niemand etwas Brauchbares von dir erhalten können.

*Wenn dein Leben des Dienens
nur deine Ego-Macht vergrößert,
dann sei versichert,
dass du in der inneren Welt
ein völliger Fehlschlag bist.*

*Lasst uns der Welt seelenvoll dienen.
Den Lohn für unseren Dienst werden
wir in der Währung der Dankbarkeit,
Gottes Dankbarkeit, erhalten.
Gott ist die einzige Dankbarkeit.*

Während unseres unaufhörlichen Tuns dürfen wir nicht vergessen, demütig zu sein, damit wir der Menschheit besser dienen können. Doch zuerst müssen wir wissen, dass wir sicherlich demütig werden wollen, um glücklich zu werden. Und durch Selbstgeben werden wir wahrhaft glücklich. Wahre Demut ist die Ausdehnung unseres Bewusstseins und unseres Dienstes.

*Wenn ich jeden Tag
eine Stunde lang selbstlos diene,
sagt mir Gott,
dass ich Sein guter Freund,
Sein sehr guter Freund bin.*

Vergiss all die unglücklichen Erfahrungen, die du anderen gegeben und selbst erhalten hast. Denke nur daran, wie du anderen Freude schenken und auf diese Weise dich selbst glücklich machen kannst.

Vor unserer Verwirklichung, solange wir unser Selbst nicht kennen, ist unser Problem kleiner. Doch dann, wenn wir unser Selbst entdecken, wenn wir unser Selbst verstehen, wenn wir unser Selbst erkennen, wenn wir unser höchstes Selbst verwirklichen, beginnt das eigentliche Problem: Wie sollen wir der Menschheit helfen? Wenn es Gottes Wille ist, dann müssen wir geben, ob es nun die Menschheit annimmt oder nicht.

Wie sehr wünsche ich,
dass mein Herz immer
unter der Aufsicht meiner Seele bleibt,
so dass sich meine Inspiration jeden Tag
über meinen Glauben hinausschwingen kann
und mein Dienen
niemals mechanisch wird!

*G*lücklichsein liegt in unserem
Selbstgeben. Wir geben, was wir sind.
Was wir sind, ist unser Streben, unser
innerer Schrei, und was wir geben,
ist unser Leben der Widmung.
Nur indem wir uns geben, wachsen wir
in Gott hinein. Selbstgeben ist
der Vorbote des Gottwerdens.

Es gibt kein Opfer. Was wir Opfer nennen, ist in Wirklichkeit ein
ständiges Sich-Geben, gegründet auf dem Gewahrsein universalen
Einsseins, und eine ständige heroische Dynamik, die uns befähigt,
das Unwissenheitsmeer im Schlachtfeld des Lebens zu besiegen
und es in ein Meer von Weisheitslicht zu verwandeln. Wenn uns
das gelingt, werden wir in diesem Leben Gott verwirklichen und
vollkommen werden können.

Gib, was du hast
und was du bist.
Dann wirst du
mit neuen Morgen
in neuen Welten
gesegnet sein.

Das Geschenk meines äußeren Lebens an mein inneres Leben ist mein stets seelenvoller Dienst.

Du kannst dein vollkommenes Einssein mit dem Höchsten errichten, indem du dich ständig gibst, und auch, indem du vom Höchsten nichts auf deine eigene Weise erwartest. Erwarte von Ihm alles auf Seine Weise. Er wird dir zu Seiner auserwählten Stunde geben, was Er dir geben will. Von deiner Seite her sollte keine Erwartung vorhanden sein, ob Er dir nun einen Cent oder tausend Dollar gibt, ob Er dir einen Funken Licht gibt oder dein gesamtes Wesen mit Licht überflutet. Lass Ihn dir geben, was Er dir auf Seine eigene Weise, zu Seiner eigenen Stunde geben will. Nur so kannst du dein vollkommenes Einssein mit dem Höchsten errichten.

Selbstloses Dienen
ist die sichtbare Liebe des Menschen zu Gott
in der Manifestation Gottes auf Erden.

Ich brauche ein bedingungslos selbstgebendes Leben.

Während du mit deinen spirituellen Brüdern und Schwestern arbeitest, fühle bitte, dass sie in den Augen des Höchsten, in den Augen deines Meisters, in den Augen deiner Seele alle gleich wichtig sind. Du hast zwei Augen, und für dich sind beide Augen gleich wichtig. Du hast nicht das Gefühl, das linke Auge sei wichtiger als das rechte oder umgekehrt. Wenn du zwei Dinge ganz dein eigen nennst, versuchst du, unparteiisch zu sein. Du identifizierst dich nicht mit deinem Daumen und kritisierst dabei deinen kleinen Finger. Nein! Alle Fähigkeiten deines kleinen Fingers kommen von Gott, und alle Fähigkeiten deines Daumens kommen ebenfalls von Gott. Das Ego kommt hervor, wenn das Gefühl des Einsseins fehlt oder wenn du anderen deine Fähigkeiten beweisen willst. In dem Moment, wo du deinen kleinen Finger von deinem Daumen trennst, kommt Ego ins Spiel. Wenn du diese Trennung nicht machst, wirst du sagen, dass alles und alle in Gottes Auge gut sind.

*Wir können nur
am Tor der Vollkommenheit ankommen,
wenn wir liebevoll, unermüdlich und selbstlos
zusammenarbeiten.*

Ein Akt des Selbstgebens ist ein weiterer Schritt in Richtung Gott werden.

Um unser Handeln zu vervollkommnen, müssen wir fühlen, dass nicht wir der Handelnde sind, sondern dass der Supreme der einzig Handelnde ist. Wir müssen fühlen, dass die Inspiration für die Handlung nicht von uns kommt und dass die Frucht der Handlung nicht uns gehört. Wenn wir fühlen können, dass wir nur Instrumente des Supreme sind, kann unser Handeln vollkommen sein.

Wenn du denkst, dass du anderen
gnädigerweise hilfst,
irrst du dich gewaltig.
Du solltest fühlen, dass du
das Lächeln deines Dienens
dem Supreme in anderen schenkst.

*Wenn du bewusst
und hingebungsvoll all das tust,
was du tun sollst – Gebet, Meditation,
selbstlosen Dienst –, und wenn du
gleichzeitig weder vom Höchsten noch
von dir selbst irgend etwas erwartest,
dann kannst du nichts bereuen.*

Eigene Anstrengung ist von größter Wichtigkeit. Solange wir nicht der ganzen Welt geben, was wir haben und was wir sind, können wir nicht in die allausdehnende und allumfassende Wirklichkeit wachsen, die wir das universelle Bewusstsein der transzendentalen Höhe nennen. Diese eigene Anstrengung gründet ebenfalls auf dem bedingungslosen Mitleid des Supreme. Was wir Anstrengung nennen, ist in Wirklichkeit ein Ergebnis der Gnade des Supreme, die sich unaufhörlich auf unser hingebungsvolles Haupt und unser hingegebenes Herz ergießt.

*Vollbringe täglich
wenigstens eine Sache
fehlerfrei und selbstlos.
Dann wirst du
unweigerlich erkennen,
dass Gott nicht nur schlaflos,
sondern auch bedingungslos
alles für dich tun wird.*

Wenn du Fortschritt machen willst, sei bewusst und selbstgebend.

Wenn wir geben, werden wir unendlich viel mehr. Ein winziger Tropfen gibt seine Wirklichkeit, sein Dasein dem mächtigen Ozean. Er gibt nur einen winzigen Tropfen. Doch wenn er von ganzem Herzen gibt, wenn er sein getrenntes Dasein hingibt, wird er eins mit dem Ozean selbst. Für das, was wir geben, erhalten wir unendlich viel mehr zurück. Selbstgeben ist Gottwerden. In dem Augenblick, in dem wir uns seelenvoll, hingebungsvoll, rückhaltlos und bedingungslos geben, werden wir zum Unendlichen, so wie sich ein winziger Tropfen dem Ozean hingibt und zum Ozean wird. Wenn wir unserem geliebten Supreme unser bescheidenes irdisches Dasein darbringen, werden wir augenblicklich untrennbar eins mit Seiner universellen und transzendentalen Wirklichkeit.

Um ein Gott-Träumer zu sein,
brauchst du das Herz
eines Gott-Liebenden
und das Leben
eines dem Menschen Dienenden.

Wenn wir tief in das Innerste unserer Seele eintreten, fühlen wir, dass es so etwas wie Opfer nicht gibt.

Jedesmal wenn du etwas tust, kannst du fühlen, dass diese Tat nichts anderes als ein Ausdruck von Liebe ist. Liebe durch Gedanken und Taten anzubieten, ist gegenwärtig in deinem Leben von größter Wichtigkeit. Wenn du in deinem Denken und Handeln fühlen kannst, dass du der Menschheit, dem Rest der Welt, Liebe schenkst, kannst du empfänglicher sein für die universelle Liebe, die ganz für dich ist.

Für jene, die Gott,
ihrem geliebten Arbeitgeber,
seelenvoll und rückhaltlos
ihren Strebsamkeitsdienst dargebracht haben,
wird es immer eine
Erfüllungsrente geben.

"*Gib bedingungslos.*"
Das ist die Bedeutung Gottes.
"Empfange fröhlich."
Das ist die Bedeutung des Menschen.

Bevor wir etwas tun, bevor wir etwas sagen, bevor wir etwas werden, sollten wir unser inneres Wesen fragen. Wir müssen tief nach innen gehen und unsere Seele fragen, ob es Gottes Wille ist, ob Gott möchte, dass etwas getan wird. Wir sollten jeden Augenblick fragen, ob Gott es will oder nicht. Andernfalls gibt es viele Wege, wie wir uns gegenseitig aufgrund unseres eigenen mentalen Verständnisses zufriedenstellen können. Geben ist etwas sehr Gutes; Empfangen ist etwas sehr Gutes. Doch es ist Gott, der uns zum Geben und zum Empfangen inspirieren sollte. Man kann handeln, ohne Gottes Weisheit zu befragen, doch wenn wir zuerst Gottes Weisheit um Führung bitten und dann handeln, liegt die Verantwortung bei Gott.

Gott krönt
das selbstlose Diener-Haupt des Suchers
mit der Nektarkrone seines Herzens.

*E*s ist nie zu spät, ein gutes Instrument Gottes zu werden.

Liebe ist Weisheit, doch im Innern dieser Liebe müssen wir zuerst Gottes Gegenwart fühlen. Wenn wir Gottes Gegenwart in jeder Handlung fühlen, wird diese von allein zur Weisheit, denn Gott ist reine Weisheit. Bevor wir also etwas sagen, brauchen wir Seine Zustimmung. Wenn wir keine Zustimmung erhalten, werden wir schweigen. Unsere Führung werden wir von innen erhalten. Gott wird nicht schweigen, er wird nicht gleichgültig sein. Gott schweigt nicht, nur wir gehen nicht tief nach innen, um Seine Stimme, Seine Weisungen zu hören. Er ist nicht wie ein gleichgültiger Mensch, den wir wieder und wieder fragen, ohne eine Antwort zu erhalten. Geh tief nach innen: Sofort wird Gott mit ‚Ja‘ oder ‚Nein‘ antworten.

Gott setzt jetzt nicht nur neue,
sondern auch hohe Maßstäbe
für diejenigen,
die Ihn auf Seine eigene Weise
lieben und Ihm dienen möchten.

*Es ist nie zu spät für mich,
meinem geliebten Supreme
in meinen Brüdern und Schwestern,
der Menschheit, zu dienen.*

Demut müssen wir als ein göttliches und erhabenes Geschenk betrachten. Sie ist etwas, das wir der Menschheit darbringen müssen. Wir müssen fühlen, dass Demut unser Gefühl geweihten Einsseins mit der Menschheit ist. Wenn wir Demut in der höchsten und reinsten Bedeutung des Wortes verstehen, können wir wahrhaft demütig werden. Demut heißt nicht, jemandes Füße zu berühren. Keineswegs, Demut ist etwas, das mit dem Rest der Welt geteilt werden muss. Sie ist das Gottleben in uns. Je höher wir gelangen, desto größer ist unser Versprechen an den Supreme in der Menschheit. Je mehr Licht wir durch unsere Demut empfangen, desto mehr haben wir der Menschheit anzubieten.

*Mein liebendes Herz
hat eine Botschaft für mich:
Gott ist immer für mich.*

*Mein dienendes Leben
hat eine Botschaft für mich:
Ich bin immer für Gott.*

Schenke der Welt
einen Augenblick deiner Anteilnahme.
Gott wird das Gebet deines Herzens
immer erhören.

Wir müssen wissen, dass es nur einen Weg gibt, demütig zu wer-den. Dieser Weg besteht darin zu sehen, was mit einem Menschen geschieht, wenn er das Licht sieht, es erlangt und in es hineinwächst. Behält er es ganz für sich? Nein. Er teilt es mit dem Rest der Welt. Und indem er teilt, wird die Welt genährt, wird die Welt erfüllt.

Frieden erhältst du nur,
indem du anderen hilfst,
friedvoll zu werden.
Glückseligkeit erhältst du nur,
indem du anderen hilfst,
seelenvoll zu werden.

Gottes Geheimnisse sind nur für diejenigen, die Gott im Menschen dienen.

Wenn wir als Menschen in göttliche Wesen umgewandelt werden möchten, müssen wir die Notwendigkeit göttlichen Opfers auf der Erde erkennen. Wie können wir nun wissen, ob unser Opfer vollständig ist? Wir können es in dem Augenblick wissen, in dem wir fühlen, dass wir durch unser Geben nicht nur mehr erhalten, sondern auch vollständig werden. Das Opfer nimmt die Form von Liebe an. Die Mutter gibt ihrem Kind von ganzem Herzen alles, was sie hat. Wenn wir anderen ein wenig Frieden oder Freude geben, und dabei spüren, dass wir immer noch mehr in uns haben, so muss uns bewusst sein, dass wir den anderen Menschen und gleichzeitig auch uns selbst nicht vollständig gemacht haben. Nur wenn wir einem Menschen unseren Frieden, unsere Liebe und unsere Glückseligkeit in ganzer Fülle und von ganzem Herzen geben, kann unser Gefäß bis zum Rand gefüllt werden. Gott selbst wird es für uns füllen.

Selbstloses Dienen
erhält deinen Glauben an Gott
süßer als das Süßeste
und macht deine Einsseinsliebe mit Gott
stärker als das Stärkste.

Wie kannst du das hässliche Gesicht der Unsicherheit haben, wenn dein Herz wirklich für die Bedürfnisse der Menschheit blutet?

Anderen zu helfen, um dein eigenes Ego zu nähren, ist sinnlos. Du musst dir bewusst sein, dass es ein schwerwiegender Fehler ist und dass es deinen Fortschritt verzögern wird. Das Beste ist daher zu sehen, ob du eine innere Weisung erhältst, anderen zu helfen. Wenn du fühlst, dass du tatsächlich einen inneren Befehl erhalten hast, auf diese Weise zu helfen, dann ist für dich der nächste Schritt, es mit Hingabe zu tun. Du solltest dem inneren Führer dankbar sein, dass Er dir die Erlaubnis gibt, Ihm auf diese Weise zu dienen. Wenn du jedoch keine Weisung von einer inneren, höheren Quelle erhältst, dann solltest du wissen, dass dein Handeln von deinem Ego motiviert wird. In diesem Fall solltest du damit aufhören.

In deinem Leben des Dienstes für die Menschheit
ist Zuversicht etwas äußerst Gutes,
doch entwickle kein übersteigertes Selbstbewusstsein,
geschweige denn Stolz und Überheblichkeit.

Wie kann Gott jemals eine wahrheitsliebende und der Welt dienende Seele verleugnen? Unmöglich!

Während du anderen hilfst, solltest du fühlen, dass diese Hilfe nicht von dir selbst kommt. Nicht du hilfst einem bestimmten Menschen, führst oder formst ihn; sondern dein innerer Führer. Du musst zu einem reinen Kanal werden. Wenn du jemanden berührst oder mit jemandem sprichst, fühle, dass du nur der Kanal bist.

Mein Herr,
möge die Zeit des
uneingeschränkt demütigen Selbst-Gebens
mein sein,
und möge die Zeit des
überraschend erfreuten Empfangens
Dein sein.

*Wenn dir Gott, der Mensch, wirklich
etwas bedeutet, musst du täglich Tränen
für diese arme Erde vergießen.*

Angenommen, du weißt nicht, was die Wahrheit ist, besitzt aber
Strebsamkeit und aufrichtige Anteilnahme für einen Menschen.
Du willst diesem Menschen helfen, weißt aber nicht, was du ihm
sagen sollst. Mach dir in diesem Augenblick keine Vorstellung,
wie du ihm helfen kannst, was du ihm sagen oder wie du dich
der Wahrheit nähern wirst. Mach deinen Verstand zu einem leeren Gefäß. Dann lass das Gefäß sich mit Gottes Licht und Weisheit füllen und teile sie einfach mit ihm. Wie kannst du das tun?
Nur durch deine ständige Selbsthingabe.

*Wenn du dein Leben des Dienens
nicht begrenzt,
wird Gott
Seinen Manifestationsmarsch in dir
nicht aufhalten.*

*S*elbstloser Dienst
ist die sichtbare Liebe des Menschen
zu Gott in der Manifestation Gottes
auf Erden.

Durch dein ständiges Selbstgeben kannst du auf deine Selbstver-
vollkommnung zuschreiten. Es gibt keinen anderen Weg. Gib
dich dem Höchsten seelenvoll, hingebungsvoll und bedingungslos und fühle, dass es nichts gibt, was Er nicht für dich tun wird.
Und selbst wenn Er nichts für dich tut, ist das Seine Sache. Er weiß,
was für dich am besten ist. Was du denkst, dass du brauchst, ist
nicht das Richtige. Was Er denkt, dass du brauchst, ist das Richtige.
Dein Selbstgeben ist absolut das Richtige, denn es ist das Einzige
in deinem Leben, das der Supreme von dir will. Nur durch Selbstgeben kannst du daher der Vollkommenheit entgegenschreiten.

Wenn du den Menschen in Gott liebst,
wird dich das Abenteuer des Bewusstseinslichtes
unweigerlich umarmen.

Wenn du Gott im Menschen dienst,
wird dich das Bewusstseinslicht des Abenteuers
sein eigen und seinen Schatz nennen.

Manifestation

Das Geheimnis der Manifestation ist Selbstwidmung im Verborgenen.

Was werden wir antworten, wenn uns jemand fragt: "Was hast du für Gott getan?" Wir mögen vielleicht voller Stolz sagen: "Gott hat dies für mich getan, Gott hat jenes für mich getan, Gott hat alles für mich getan." Wir mögen spontan stolz sein, dass uns Gott als ganz Sein eigen angenommen hat. Doch was werden wir antworten, wenn uns jemand fragt: "Was hast du für Gott getan?" - Stille! Unsere kleine persönliche Anstrengung kommt also uns selbst zugute. Wenn wir uns persönlich anstrengen, ist unser gesamtes Leben von göttlichem Stolz erfüllt. Es ist nicht unser Ego, sondern unser bewusstes Einssein mit Gott, das uns veranlasst, etwas für unseren Liebsten zu tun. Wenn wir uns aufrichtig bemühen, ist Gott unweigerlich entzückt von uns. Warum? Weil Er der Welt sagen kann: "Mein Kind, Mein auserwähltes Kind hat dies und jenes für Mich getan!" Durch unsere persönliche Anstrengung können wir unsere Existenz auf der Erde würdig und gleichzeitig Gott stolz auf uns machen.

Wenn du
ein wirklicher Mensch bist,
wirst du für Gott
nur eine Antwort haben:
Ein fröhliches ‚Ja'.

Gott hat uns Fähigkeiten gegeben. Entsprechend unseren Fähigkeiten verlangt er Manifestation von uns. Manifestation, die unsere Fähigkeiten übersteigt, hat Gott niemals verlangt und wird Er auch niemals verlangen.

Wir brauchen gar nicht zu wissen, was Gott möchte, dass wir manifestieren. Wir brauchen nur jeden Tag zu Gott zu beten: "O geliebter Supreme, manifestiere Dich in mir und durch mich. Ich weiss nicht und brauche auch gar nicht zu wissen, was Du von mir willst. Mein brennender Wunsch, mein brennendes Streben ist nur, dass Du Dich in mir und durch mich offenbaren und mich zu einem bedingungslos ergebenen Gott-Liebenden und Deinem bedingungslos ergebenen Instrument machen wirst."

*Mein geliebter Supreme sagt mir,
dass meine lächelnden Träume
in meine tanzenden Wirklichkeiten
verwandelt werden müssen.
Nur dann werde ich Ihn
auf Seine eigene Weise
erfreuen können.*

*Eine verwirklichte Seele
schreit nach Gottmanifestation.
Sie fühlt, dass ihre Rolle im kosmischen
Spiel nach ihrer Verwirklichung
erst richtig begonnen hat.*

Wir müssen nur aufrichtig zu Gott schreien, Sich in und durch uns zu offenbaren. Was wird Gott tun, wenn wir ein bedingungsloses Instrument werden? Er wird sich in und durch uns auf Seine eigene Weise erfüllen. Also lasst uns unseren Wunsch, Gott zu manifestieren, nicht dadurch ausdrücken, dass wir Ihn bitten: "Gott, sage mir, was ich tun soll. Dann werde ich Dich zufriedenstellen können.", sondern indem wir sagen: "Gott, tue was Du willst, in mir und durch mich."

*Wenn sich dein Verstand
vollständiger Vereinigung mit Gott
zu erfreuen beginnt,
wird dein Leben unfehlbar
zur unumschränkten Offenbarung Gottes werden.*

*Eine innere Erfahrung ist
Gottes ununterbrochene Offenbarung
Seiner eigenen Vollkommenheit
in mir und durch mich.*

Was ist Vollkommenheit? Vollkommenheit ist Verwirklichung. Vollkommenheit ist Manifestation. Vollkommenheit in der inneren Welt bedeutet Verwirklichung. Vollkommenheit in der äußeren Welt bedeutet Manifestation. Ein Sucher ist eine Verschmelzung von Individualität und Persönlichkeit. Wenn ein Sucher seine selbstlose Individualität in die höchste Vision der Wirklichkeit trägt und seine all-liebende Persönlichkeit dem absoluten Jenseits darbringt, erlangt er Vollkommenheit in der Welt der unendlichen Ewigkeit.

*Als Gott kam und sagte,
dass Er mich zu Seinem
vollkommenen Instrument machen würde,
teilte ich diese gute Nachricht
sofort meinem Herzen mit.*

Wenn ich lächle, ist Gott meine sich manifestierende Erfahrung.

Es ist wahr, dass du Gott manifestieren kannst, wenn du Frieden oder Licht besitzt. Doch anstatt für diese göttlichen Eigenschaften zu beten, ist es besser, zu Gott zu beten, dir das zu geben, was du gemäß Seiner Schau für deine innere Entwicklung und für Seine Erfüllung am dringendsten brauchst. Es ist gut zu fühlen: "Gott, es macht nichts, wenn Du nicht willst, dass ich Dein vollkommenes Instrument bin. Wenn es Dein Wille ist, kann es jemand anderes sein. Selbst wenn Du meinen ärgsten Feind zu Deinem besten Instrument machen willst, dann tue es; ich will nur, dass Du auf Deine eigene Weise erfüllt wirst." Wenn du auf diese Weise aufrichtig zu Gott beten kannst, sind deine Probleme gelöst.

Vergiss alles und beginne von neuem!
Fasse den Mut,
ein vollkommenes Instrument Gottes
zu werden.

Wenn Gott dich will, öffne deine Augen, schließe deine Ohren und laufe.

Wir müssen fühlen, dass das Handeln selbst ein großer Segen ist, doch das Ergebnis der Handlung müssen wir als Erfahrung betrachten. Gemäß unserem eigenen, begrenzten Verständnis sehen wir es entweder als Misserfolg oder als Erfolg. In Gottes Auge jedoch sind sowohl Misserfolg als auch Erfolg nur Erfahrungen, die helfen, unser Bewusstsein zu entwickeln. Wenn wir handeln, dürfen wir nur die Erfüllung von Gottes Willen erwarten. Was immer geschieht, sollten wir als die Erfahrung sehen, die Gott uns geben wollte. Heute gibt Er uns vielleicht die Erfahrung des Misserfolgs. Morgen mag Er uns eine andere Erfahrung geben, die uns äußerlich erfüllt. Doch wenn wir ein spirituelles Leben führen, werden wir immer zufrieden sein, ganz gleich, welches Ergebnis wir durch unser Handeln erhalten.

Diskutiere nicht,
denke nicht,
handle einfach.

*Gott wird niemals
etwas von uns verlangen,
das unsere Fähigkeit übersteigt.
Er hat uns die nötige Fähigkeit gegeben.*

Du magst sagen, dass du im Moment nicht weisst, wo das Ziel ist. Das macht nichts, gehe einfach weiter. Wenn du in die falsche Richtung gehst, wirst du es bald bemerken und eine andere Richtung einschlagen. Schließlich wirst du dein Ziel erreichen. Doch wenn du dich überhaupt nicht bewegst, besteht nicht die geringste Hoffnung, dass du in die richtige Richtung gehen wirst. Wenn du keine uneigennützige Arbeit, keine selbstlose Arbeit tun kannst, dann arbeite zunächst mit einer Absicht. Wenn sich Ego und Selbstgefälligkeit melden, während du jemandem hilfst, dann lass sie kommen. Der Tag wird kommen, an dem dir die Befriedigung, die du dabei erhältst, nicht mehr genügt. Du wirst erkennen, dass sie nicht länger als ein paar Sekunden anhält. Dann wirst du versuchen, auf göttlichere Weise zu arbeiten.

*Wer bin ich?
Ich bin
das unvollendete Gotteswerk
meines Lebens.*

*W*ir werden Gott nicht enttäuschen,
denn wir lieben Gott und Gott liebt uns.
Liebe ist Einssein, untrennbares
Einssein. Wenn wir das Lied
untrennbaren Einsseins singen,
können wir nicht scheitern.

Wir und Gott müssen gegenseitiges Vertrauen haben. Unser Vertrauen in Gott wird uns zu Seinen auserwählten Instrumenten machen. Sein Vertrauen in uns wird uns inspirieren, Ihn hier auf der Erde vollständig, uneingeschränkt und vollkommen zu manifestieren. Unser Vertrauen in Ihn wird uns geben, was wir verzweifelt brauchen: Verwirklichung. Sein Vertrauen in uns wird Ihm die Gelegenheit geben, sich in und durch uns zu manifestieren. Wir brauchen Ihn für unsere höchste Verwirklichung, Er braucht uns aus Seiner unendlichen Güte heraus für Seine göttliche Manifestation.

*Mein Gottmanifestations-Versprechen
wird niemals von mir gebrochen werden.
Meine Gotterfüllungs-Hoffnung
wird ständig von mir ausgesprochen werden.*

Sei entschlossen, in deinem Herzensheim erreichbar zu sein, wenn Gott nach dir ruft.

Letzten Endes muss eigenes Bemühen in dynamische Selbsthingabe wachsen. Wenn wir etwas tun, legen wir Gott das Ergebnis unserer Handlung zusammen mit der dafür benötigten Strebsamkeit zu Füßen. Wenn wir die Ergebnisse und unsere Strebsamkeit, den inneren Drang, Gott darbringen können, so nennt man das wahre Selbsthingabe. Doch nur wie ein toter Körper Gott zu Füßen zu liegen und Gott in uns, durch uns und für uns arbeiten zu lassen, ist falsch. Gott will nicht in und durch einen toten Körper arbeiten. Gott will einen Suchenden, der strebt, der mit Energie erfüllt werden möchte und etwas für Ihn tun will. Er will jemanden, der aktiv und dynamisch ist und der alle göttlichen Eigenschaften hier auf der Erde manifestieren will.

*Nie mehr, nie mehr brauche ich
ein Lähmungsleben.
Ich brauche ein Leben
schneller Errungenschaften.*

Jeden Augenblick kannst du für Gott,
für den Supreme, oder
für deine eigenen Ziele verwenden.
Die Zeit, die verstreicht,
wird nicht wiederkommen.

Pflicht ist nur deshalb qualvoll, ermüdend und eintönig, weil wir sie mit unserem Ego, unserem Stolz und unserer Eitelkeit erfüllen. Pflicht ist angenehm, ermutigend und inspirierend, wenn wir sie um Gottes Willen erfüllen. Wir müssen unsere Einstellung zur Pflicht ändern. Wenn wir um Gottes Willen arbeiten, gibt es keine Pflicht. Alles ist Freude, alles ist Schönheit. Jede Handlung muss zu Gottes Füßen ausgeführt und dargebracht werden. Pflicht um Gottes Willen ist die allerhöchste Pflicht. Bevor wir uns nicht unsere spirituelle Erlösung erarbeitet haben, haben wir kein Recht, irgendeine andere Verpflichtung zu übernehmen. Hat uns Gott nicht bereits zu unserer Geburtsstunde mit dieser wunderbaren Aufgabe betraut? Die allerhöchste Pflicht ist, ununterbrochen nach Gottverwirklichung zu streben. Die Zeit ist kurz, die Mission unserer Seele jedoch erhaben. Wie können wir Zeit verschwenden? Warum sollten wir Zeit in den Vergnügungen der Sinne vergeuden?

Wenn Gott
Seine Pläne enthüllt,
zeige deinen sofortigen Eifer,
Ihn zu manifestieren.

*W*enn du deine Meditation
nicht in die Tat umsetzt, wirst du nur
mit einem Bein laufen.

Viele haben die höchste, transzendentale Wahrheit verwirklicht.
Doch es gibt nur wenige, die nach der Vervollkommnung der
Menschheit schreien. Nur sehr wenige versuchen das Gesicht
der Welt zu verändern. Die auserwählten Instrumente Gottes
wollen Gott hier auf der Erde manifestieren. Sie kümmern sich
nicht besonders um das irdische ‚Gut' und ‚Böse' Sie transzendieren das sogenannte ‚Gut' und ‚Böse'. Sie achten nur auf Gottes
innere Weisungen. Sie hören ständig auf die Weisungen ihres
inneren Führers und bieten dann der Menschheit ihren selbstlos-
en, ergebenen Dienst an, der ihrem untrennbaren Einssein mit
ihrer inneren Führung entspringt. Sie versuchen, der strebenden
Menschheit Wissen, göttliches Wissen anzubieten. Gleichzeitig
sagen sie der Menschheit auch, dass Gottverwirklichung nicht
ihr alleiniges Monopol ist.

Ich brauche nur
das Glücklichsein meines Herzens,
um schlaflos
nach Gottmanifestation hier auf der Erde
zu schreien.

In Gottes kosmischem Spiel übernimmt jede einzelne Seele eine Gott-enthüllende und Gott-manifestierende Rolle.

Wir müssen in das Feld der Manifestation eintreten. Wenn wir nicht hier auf der Erde manifestieren, was wir verwirklicht haben, wenn Mutter Erde die Frucht unserer Verwirklichung nicht erhält und wenn sie sie nicht für immer besitzt, können wir nie wirklich erfüllt sein. Mutter Erde muss mit der Frucht unserer Verwirklichung genährt werden. Hier auf der Erde muss die Manifestation der Verwirklichung stattfinden, und wenn Manifestation stattfindet, erwacht unweigerlich Vollkommenheit. Vollkommene Vollkommenheit ist nichts anderes als die unumschränkte Manifestation von Gottes transzendentalem Willen hier auf der Erde.

Ich bin vielleicht kein Mitglied
von Gottes Visions-Manifestationsteam auf Erden
und kann vielleicht auch kein Mitglied sein.
Doch ich liebe innigst
das Einsseinsherz des Teams mit Gott
und bewundere zutiefst
seine Gottfülle-Hände.
Doch ich weiss und fühle,
dass Gott mich schließlich zum Mitglied
des Manifestationsteams Seiner Schau
machen wird.

*Im spirituellen Leben
ist derjenige ein fähiges und
Gott manifestierendes Instrument,
der unmittelbar die Anweisungen
der inneren Führung lernt
und die Anweisungen der
Unwissenheitsnacht verlernt.*

Am besten kannst du fühlen, dass du ein Instrument des Supreme bist, wenn du dir vorstellen kannst, dass es keine andere Wirklichkeit als den Supreme gibt. Das ist der erste Schritt. Dann musst du dir vorstellen, dass du ohne Gott leben kannst, dass du ohne dich selbst leben kannst, jedoch dass Gott nicht ohne dich leben kann.

*Du hast es versucht.
Du hattest keinen Erfolg.
Das bedeutet nicht,
dass du es nicht weiter versuchen wirst.
Versuche es noch einmal!
Du wirst nicht nur Erfolg haben
im Leben, das werden wird,
sondern auch vorwärts schreiten
im Leben, das ewig ist.*

*Wir schreien nur nach einem:
gute, vollkommene und bedingungslose
Instrumente Gottes zu werden,
damit Gott sich in und durch uns
offenbaren kann.*

Dein Problem ist gelöst, wenn du dir vorstellen kannst, dass du von Gott gebraucht wirst, gleichgültig, ob du Gott brauchst oder nicht. Es ist nicht dein menschliches Ego, das sagt: "Ich bin der Größte. Ich brauche Gott nicht, aber Gott braucht mich." Nein. Gerade weil Gott so viel mehr Wissen und Weisheit besitzt, braucht Er dich. Gerade weil Er der Schöpfer ist, ist Er sich Seiner Schöpfung bewusst.

*Fahre fort, das Richtige zu tun.
Gott wird höchstpersönlich
die Dankbarkeitsknospen einsammeln,
die dir die Welt schuldet.*

*B*etrachte deinen höchsten Herrn
nicht als selbstverständlich.
Wenn du nicht aufrichtig versucht hast,
Ihn während all den Jahren
zufrieden zu stellen, in denen Er dir
auf der Erde dazu zahllose
Gelegenheiten gegeben hat,
wirst du Ihn vielleicht nicht
nach Belieben sehen können,
wenn du in die andere Welt gehst.

Gott kann sich in mir und durch mich offenbaren, wenn mein Herz nur danach schreit, Gott auf Seine eigene Weise zu erfreuen. Wenn mich mein innerer Schrei zu Gott trägt, sage ich zu Ihm: "O mein geliebter Supreme, mach mich zu Deinem vollkommenen Instrument." Wenn Gott zu mir kommt, lächelt Er mich mit einem strahlend weiten, seelenvollen, erleuchtenden Lächeln an und sagt: "Mein Kind, Ich werde dich zu Meinem vollkommenen Instrument machen, und gleichzeitig werde Ich mich in und durch dich manifestieren."

Es gab eine Zeit,
da sehnte ich mich
nach der Vervollkommnung des Menschen.
Jetzt lebe ich nur noch
für die Manifestation Gottes.

Gott will, dass jeder Mensch ein unbegrenztes Maß an innerer Fähigkeit hat.

Gott zeigt uns, welche Arbeit wir tun sollen, wenn wir Ihm seelenvoll versprechen können, dass unsere Arbeit nichts anderes als eine Ausweitung Seiner göttlichen Manifestation sein wird. Dann wird Er uns unweigerlich unsere Arbeit zeigen. Wenn unsere Arbeit jedoch eine Ausdehnung unseres Egos ist, beachtet uns Gott nicht. In diesem Augenblick sind wir Ihm völlig fremd.

Ein unerwarteter Besucher
trat ein in sein Herz,
um ihm zu sagen,
dass der himmlische Gott
sein Scheitern übersieht,
solange er es wieder und wieder
versuchen will.

Wie weit ist Gottes vollkommene Manifestation entfernt? So weit wie die völlige Transformation und die bedingungslose Selbsthingabe des Menschen.

Wer strebt, tritt in die Schönheit ein: die Schönheit, die sein Leben in der höchsten Sphäre des Bewusstseins fruchtbar und hier im Bereich der Manifestation bedeutungsvoll macht. Die Schönheit, die wir um uns herum sehen, können wir nutzen, um tief nach innen zu gehen. Die Schönheit, die wir fühlen und verkörpern, können wir zur Vervollkommnung von Gottes äußerer Schöpfung einsetzen.

Wenn du in allem, was du tust,
auf die Zustimmung deiner Freunde wartest,
wirst du in diesem Leben
nirgendwo
auch nur den geringsten Erfolg haben.

*Ich werde ein hingebungsvolles,
treues, seelenvolles, vorbehaltloses und
bedingungsloses Instrument
meines geliebten Supreme werden.*

Was absolut notwendig ist, um das Jenseits zu sehen, ist unsere Gewissheit, unser unbedingter Glaube an uns selbst. Wir müssen fühlen, dass wir Gottes auserwählte Kinder sind. Wir müssen fühlen, dass wir unendliches Licht, unendliche Wahrheit und unendliche Glückseligkeit in uns tragen und diese göttlichen Eigenschaften jetzt enthüllen und manifestieren müssen. Enthüllung und Manifestation sind absolut notwendig. In dem Augenblick, in dem wir beginnen, unsere innere Göttlichkeit zu enthüllen und zu manifestieren, werden wir sehen, dass wir unendliche Wahrheit, unendliches Licht und all die anderen göttlichen Eigenschaften des Supreme in uns bergen.

*Schau dich um!
Du wirst so vieles sehen,
das du für die Welt tun kannst.*

*Tauche tief nach innen!
Du wirst vieles nicht nur sehen,
sondern auch sogleich für Gott tun.*

Wenn dein höchster Herr dich bittet,
etwas zu tun, dann sei versichert,
dass Er dir die Fähigkeit dazu
bereits gegeben hat
– sogar in größerem Maße und
lange bevor du sie tatsächlich brauchst.

Die Wirklichkeit sieht, dass die menschliche Willenskraft die Herausforderung annimmt, ihr zu helfen, wenn sie sich auf der Erde manifestieren will. Die anderen göttlichen Eigenschaften des Menschen zögern. Wenn sich die Wirklichkeit durch sie manifestieren will, haben sie das Gefühl, dass die Zeit noch nicht reif sei. Sie sagen: "Wir bereiten uns vor. Bitte gib uns noch etwas mehr Zeit." Doch wenn die Wirklichkeit zur Willenskraft kommt, empfindet sie ungeheure Freude und Entzücken, denn die Wirklichkeit sieht, dass die menschliche Willenskraft bereit ist, sie auf ihre Schultern zu heben und überall hin zu tragen.

O mein höchster Herr,
was sonst
ist meine großartige Errungenschaft,
wenn nicht die Manifestation
Deiner eigenen,
absolut unvergleichlichen Mitleidsfähigkeit.

Liebst du Gott wirklich? Wenn ja, dann sprich so mitleidsvoll wie Gott und handle so bedingungslos wie Gott.

Das Jenseits ist im ewigen Jetzt. Wenn wir es wagen können zu fühlen, dass wir Gottes auserwählte Kinder sind, können wir ganz gewiss im Jenseits leben. Wir müssen fühlen, dass wir alles sind und dass alles in uns ist. Gott ist in uns; Gott ist außerhalb von uns. Unser menschliches Dasein ist nur dann von Bedeutung, wenn wir zu einem vollkommenen Instrument für das Göttliche werden, um die höchste Wahrheit auf der Erde zu manifestieren.

Ein vollkommenes Instrument
Gottes zu werden
ist so schwierig,
weil aufgeben
so einfach ist.

*Das Versprechen meiner Seele und
mein Leben der Liebe, Ergebenheit
und Selbsthingabe
werden unseren geliebten Supreme
auf der ganzen Welt erfüllen.*

Um uns als eine vollkommene Blume Gott darbringen zu können, müssen wir zuerst zur Blume werden. Wie werden wir zu einer Blume? Wir werden zu einer Blume, indem wir uns stets in Erinnerung rufen, was wir letztlich sein werden: wir werden Gottes Instrument sein. Nun, ein Instrument zu sein bedeutet, dass nicht wir der Handelnde sind: jemand anderes ist der Handelnde. Wir sind nicht der Schöpfer; wir sind nicht die Schöpfung; wir sind nicht einmal der Beobachter. Wir sind nur eine Erfahrung, die Gott macht. Gott macht in uns, mit uns und für uns eine Erfahrung. Wenn wir fühlen, dass Gott der Schöpfer, die Erfahrung und der Beobachter in uns ist, und dass wir überhaupt nichts tun, sondern Er es ist, der alles in uns, durch uns und für uns tut, so werden wir zu diesem Zeitpunkt zu einer vollkommenen Blume, um dem Supreme dargebracht zu werden.

*Bringe dein Strebensherz
in vollkommenen Einklang mit Gott,
bevor du
das Konzert deines Manifestationslichtes
beginnst.*

Habe keine Eile.
Gott wird dir ganz bestimmt
mehr Zeit geben, wenn du sie brauchst,
um Ihm auf Seine eigene Weise
zu gefallen.

Die vollkommenen Krieger des Supreme sind jene Seelen, die Gott verwirklicht haben und Ihn jetzt auf der Erde manifestieren - Seelen, die ein bewusstes Versprechen gegeben haben, für den Supreme zu ringen und gegen die Unwissenheit zu kämpfen, in die Welt einzutreten und sie zu vervollkommnen. Diese Seelen erfüllen die Bitte des Supreme, auf die Erde zu kommen. Sie kommen herab, sehen all die Seelen, die im Meer der Unwissenheit schwimmen, und heben diese Seelen in das Meer des Lichts.

Wenn du bereits
eine erwachte Seele bist,
musst du erkennen,
dass Gott dir schon
eine erhabene Aufgabe
aufgetragen hat:
Er will, dass du
für die Weltblüten Seiner Vision arbeitest.

*Ein gutes Herz
wird nie einer Herausforderung
aus dem Weg gehen, denn ein gutes Herz
ist über alle Maßen tapfer,
wenn es seinen geliebten Supreme
auf der Erde manifestieren soll.*

Sind Göttlichkeit, Wirklichkeit oder andere göttliche Eigenschaften einmal richtig manifestiert, so sind sie von Dauer. Sie werden ein fester Bestandteil von Mutter Erde. Sie werden zum Besitz des spirituellen Strebens der Menschheit. Deshalb versucht der gottverwirklichte Sucher zu manifestieren. Und während er manifestiert, fühlt er sein vollständiges Einssein mit dem absoluten Supreme. Er wird zu einem vollkommenen Instrument der Vollkommenheit der Göttlichkeit. Als ein vollkommenes Instrument seines geliebten Supreme versucht der Sucher, die Göttlichkeit, die ihm anvertraut wurde, zu offenbaren.

*Die Schönheit einer süssen Hoffnung
muss in die Pflicht eines kraftvollen Versprechens
verwandelt werden,
und das Versprechen
muss als die Göttlichkeit einer unfehlbaren Erfüllung
manifestiert werden.*

Halte am Folgsamkeitsbaum deines Lebens fest, wenn du wirklich ein echtes Leben der Gottmanifestation willst.

Wirkliches spirituelles Leben bedeutet, unseren geliebten Supreme in unserem Herzen zu tragen. Wenn du ins Büro oder in den Supermarkt gehst, kannst du den Supreme in deinem Herzen und in deinem Verstand mit dir tragen. Du kannst jeden Augenblick versuchen, den Supreme zu manifestieren.

*Arbeit an sich
beweist nichts.
Arbeit für die Menschheit
beweist etwas stets Wertvolles.
Arbeit für Gott
ist immer etwas Bewundernswertes
und auch Lohnendes.*

*Wenn du die Einsseinsuniform
deines Herzens trägst,
wird Gott
die Welt wissen lassen, dass du
Sein auserwähltes Instrument bist.*

Du kannst den Supreme in vielen verschiedenen Tätigkeiten manifestieren, aber du musst dich Seinem Willen hingeben. Gott will, dass du Ihn genauso wie ich durch ein Leben der Tat manifestierst. Bringst du jeden Gedanken dem Supreme dar? Wenn die Antwort darauf ‚Ja' ist, tust du das Richtige. Ob es nun ein schlechter, ungöttlicher Gedanke oder ein guter, göttlicher Gedanke ist - wenn du ihn dem Supreme darbringen kannst, tust du das Richtige.

*Wenn mein Gebet eine Tat ist,
verschwindet mein irdisches
Trennungs- und Teilungsleben
und mein himmlisches
Einsseins-Multiplikationsleben
erscheint.*

Gott hat dir einen phantasievollen Verstand gegeben. Kannst du Ihm nicht ein kreatives Leben schenken?

Unser Leben der Manifestation und unser Leben des spirituellen Strebens sind untrennbar. Früh am Morgen meditierst du; das ist dein Leben des Strebens. Doch du kannst nicht in deinem Zimmer bleiben, du kannst unmöglich vierundzwanzig Stunden am Tag in deinem Zimmer bleiben. Wenn du nicht arbeiten gehst, verdienst du kein Geld, um dein Essen zu kaufen und für dich zu sorgen. Wenn du dich allein auf das Streben beschränkst und nur meditierst und immer hinter verschlossenen Türen bleibst, wer wird dich dann ernähren und für deinen Unterhalt sorgen? Du musst selbst für dich sorgen. Gestrebt hast du: Nun gehe hinaus um zu manifestieren. Spirituelles Streben und Manifestation können nicht getrennt werden.

Wenn du dir
irgendeinen Wunsch erfüllen willst,
dann halte dir
dein uraltes Versprechen vor Augen:
Gottmanifestation
wird dein Lebensatem sein.

*Ich gehe zu Gott mit der inneren
Glückseligkeit meines Herzens.
Meine einzige Sehnsucht ist,
Ihm auf Seine eigene Weise zu gefallen.
Gott kommt mit einem strahlenden
Lächeln zu mir, denn jetzt kann Er sich
in und durch mich offenbaren.*

Weltprobleme können nur gelöst werden, wenn wir uns bewusst das Versprechen in Erinnerung rufen, das unsere Seele Gott gab, bevor wir die Weltarena betraten. Diese Schöpfung Gottes müssen wir als unser Feld der Erfahrung, als unser Feld des Versuchens, als unser Feld der Gottenthüllung und Gottmanifestation annehmen. Bevor sie ihre irdische Hülle annimmt, gibt jede einzelne Seele Gott das feierliche Versprechen, Gott auf Gottes eigene Weise zu sehen und Gott auf Gottes eigene Weise zu erfüllen. Die Unwissenheit der Welt jedoch verdeckt das Licht der Seele. Diese Erfahrung ist ein unglücklicher Zwischenfall im Leben der Seele, aber er dauert nicht ewig an. Gottes unendliches Mitleid von oben und der innere Drang des Menschen treffen aufeinander, und die Seele kommt wieder zum Vorschein, schenkt ihr Licht der Welt der Dunkelheit und erfüllt das Versprechen, das sie dem Absoluten Supreme gegeben hat.

*Gott fragt mich mitleidsvoll:
"Wirst du verfügbar sein?"
Er fragt mich nie:
"Wirst du fähig sein?"*

In meinem nach Gott hungrigen Herzen bewahre ich stets einen süssen, seelenvollen und schönen Gottmanifestations-Traum.

Wenn ich in meinem Verstand mehr Frieden, in meinem Herzen mehr Freude, in meinem Vitalen mehr Seelenfülle, in meinem Körper mehr Selbstlosigkeit, in meinem Streben mehr Entschlossenheit, in meiner Selbstwidmung mehr Vollkommenheit, von Gott mehr Mitleid und von der Menschheit mehr Mitarbeit habe, dann werde ich zum vollkommensten Instrument Gottes in der inneren Welt und zum vollkommensten Vertreter der Menschheit in der äußeren Welt.

Wenn du das Herz eines Suchers besitzt,
dann werden deine Augen der Gleichgültigkeit
gegenüber der äußeren Welt der Manifestation
in ein Herz schlafloser Anteilnahme
verwandelt werden,
wenn du nur den Namen
deines höchsten Herrn hörst.

Was wir sind, ist Gott in Form von Manifestation, Selbst-Manifestation.

Dir zu gefallen und Dich auf Deine eigene Weise zu erfüllen bedeutet, nicht immer in der Welt der Theorie zu bleiben, sondern zur Praxis selbst zu werden - zur Praxis jener Wirklichkeit, die Du willst und brauchst. Nur durch mein Praktischsein kannst Du manifestieren, was Du für mich und für die Menschheit hast und bist. Was Du hast, ist Dein inneres Schöpfungslicht für mich und für die gesamte Menschheit; was Du bist, ist eine bewusste, ständige und untrennbare Sehnsucht nach Einssein in der inneren Welt und ein bewusstes, ständiges und untrennbares Einsseinslächeln in der äußeren Welt für mich und für die Menschheit.

Ein einziger williger Atemzug.
Siehe,
Die Frage von Jahrhunderten
ist beantwortet.

Wenn Gott Seine Pläne enthüllt, zeige augenblicklich deinen Eifer, Ihn zu manifestieren.

Gott ist mein einziger Vorgesetzter. Solange Er mich nicht an Seiner Seite stehen sieht, wird Sein Manifestationslicht nicht seine gesamte Schöpfung durchdringen können. Das Menschliche in mir will und braucht einen Vorgesetzten als Schutz und Führung. Das Göttliche in Gott will und braucht einen Partner, einen Mitarbeiter, und keine unterlegene Schöpfung, um göttlich freudig und erhaben fruchtbar zu sein.

Denke nicht,
dass du etwas nicht kannst.
Denke einfach,
dass Gott es
ganz gewiss tun wird -
in dir und für dich.

*D*u hast deine Reise der Ewigkeit
im Himmel begonnen.
Jetzt musst du sie
hier auf der Erde fortsetzen.

Wir neigen immer dazu zu sagen, es sei nicht zu spät etwas zu tun, doch sagen wir jemals, es sei nicht zu früh etwas zu tun? Es ist für nichts im Leben zu früh. Es ist nicht zu früh, in den frühen Morgenstunden zu beten. Es ist nicht zu früh, Gott zu verwirklichen. Es ist nicht zu früh, Gott zu enthüllen. Es ist nicht zu früh, Gott zu manifestieren. Je eher wir Gott verwirklichen, je eher wir Gott enthüllen, je eher wir Gott manifestieren, desto eher werden wir einen neuen Anfang machen, der auf ein höheres, erleuchtenderes und erfüllenderes Ziel ausgerichtet ist.

Ein aufrichtiger Sucher weiss,
dass sein Strebsamkeitsleben
eine einzige lebenslange Gelegenheit ist,
Gott zu verwirklichen und
mit Gottes Manifestationslicht auf der Erde
untrennbar eins zu werden.

Zur Übersetzung

Die größte Schwierigkeit bei der Übersetzung von Sri Chinmoys Büchern ins Deutsche liegt darin, deutsche Ausdrücke zu finden, welche die englische Nuancen möglichst gut hervorheben. Für das Wortfeld 'self-giving/devotion/dedication/surrender' z.B. gibt es in der deutschen Sprache keine entsprechenden Ausdrücke, womit zwangsläufig ein Teil der Klarheit des Originaltextes verloren geht.

In Sri Chinmoys Schriften steht ein Wort an zentraler Stelle für das es im Deutschen ebenfalls keinen entsprechenden Ausdruck gibt: das Wort 'Supreme'. Sri Chinmoy sagt dazu: "Anstelle des Wortes 'Gott' gebrauche ich meist das Wort 'Supreme'. Ich bitte meine Schüler dasselbe zu tun, denn es gibt uns eine intimere Beziehung mit Ihm. Der höchste Supreme ist verschieden von dem, was wir Gott nennen. Wenn wir von Gottverwirklichung sprechen, dann ist Gott gleichbedeutend mit Supreme. Wenn wir jedoch normalerweise Gott sagen, fühlen wir, dass er eine statische Höhe verkörpert. Der Ausdruck Gott hat kein ständig sich entwickelndes Bewusstsein, er ist ein fertiges Produkt. Wenn wir hingegen Supreme sagen, sprechen wir vom Höchsten Herrn (Supreme Lord), der nicht nur das absolut Höchste erreicht hat, sondern ständig über das Jenseits hinausgeht und es transzendiert." Wir haben in dieser Übersetzung den Ausdruck Supreme ins Deutsche übernommen. Wir finden, dass dies die beste Lösung ist, um möglichst nahe beim Bewusstsein der Sprache Sri Chinmoys zu bleiben.

Kailash

Über den Autor

Sri Chinmoy wurde 1931 im heutigen Bangladesh geboren. Mit 13 Jahren trat er mit seinen Geschwistern in eine spirituelle Gemeinschaft in Südindien ein, wo er sich 20 Jahre lang intensiv der Meditation widmete und darin vervollkommnete. Seit 1964 lebt er in New York. Hier hat er über fast vier Jahrzehnte hinweg ein vielseitiges Wirken mit einer beispiellosen Kreativität entfaltet und dadurch Menschen auf der ganzen Welt inspiriert, ein Leben des inneren Friedens und der äußeren Dynamik zu führen und innere wie äußere Begrenzungen zu überwinden.

Sri Chinmoy lehrt einen Weg des Herzens, einen ganzheitlichen Yogaweg, der das dynamische westliche Leben mit den spirituellen Werten des Ostens harmonisch zu vereinen sucht. Durch regelmäßige Meditation auf das Herzzentrum erfährt der Suchende inneren Frieden, Freude, Licht und Liebe. Diese Philosophie der Liebe und des Einsseins mit dem höchsten inneren Selbst läßt Gott und den Menschen als Aspekte desselben Bewußtseins in natürlicher Weise erlebbar werden.

Auf vielfältige Weise drückt Sri Chinmoy seine spirituellen Erfahrungen und Erkenntnisse durch Poesie, Malerei, Musik und Sport für den nach Wahrheit suchenden Menschen faßbar aus. Ein unermesslicher Reichtum von Gedichten, Texten, Gemälden, Zeichnungen und Liedern zeugt von der lebendigen und wirklichkeitsnahen Weisheit Sri Chinmoys.

Als anerkannter Meister der Meditation lehrt er seine Schüler durch seine innere und äußere Gegenwart. Die intensive Arbeit an der eigenen Persönlichkeit bildet für ihn die Grundlage für

eine bessere, friedvolle Welt. "Friede beginnt im Herzen des Einzelnen" ist zum Leitsatz seiner weltweiten Friedensarbeit geworden. Dazu gehören unter anderem seine stets kostenlosen meditativen Konzerte, die seit 1984 Tausenden von Menschen auf der ganzen Welt durch das Medium von Musik und stiller Meditation eine Erfahrung inneren Friedens und spiritueller Kraft vermittelt haben. Indiens bedeutendste kulturelle Organisation, die Bharatiya Vidya Bhavan, ehrte den gebürtigen Bengalen 1989 mit dem Ehrenpatronat und 1994 mit dem Gandhi-Friedenspreis. Weitere bedeutende Auszeichnungen, die Sri Chinmoy für sein jahrzehntelanges selbstloses Wirken erhielt, sind die Nehru-Medaille der UNESCO, Paris, und 1998 der "Pilgrim of Peace"-Preis des internationalen Friendszentrums von Assisi, der auch schon an Michail Gorbatschow und Mutter Teresa verliehen wurde.

Als hervorragender Sportler entdeckte Sri Chinmoy die fruchtbare Verbindung von Sport und Meditation als zwei sich ergänzende Wege zu persönlicher Entwicklung und zu innerem wie äußerem Frieden. Vom Sprinter und Zehnkämpfer in seiner Jugend entwickelte er sich zum passionierten Langstreckenläufer und begründete das internationale Sri Chinmoy Marathon Team, das für seine Sportveranstaltungen, vor allem im Ultrabereich weltweit hohe Anerkennung genießt. Mit erstaunlichen Leistungen im einarmigen Gewichtheben, das er 1985 begann und in welchem die aus Gebet und Meditation gewonnene Kraft inneren Friedens zum Ausdruck kommt, verblüffte Sri Chinmoy noch im Alter von fast 70 Jahren Experten in aller Welt. Mit seinem Programm

"Lifting up the World with a Oneness-Heart" ("die Welt mit einem Herzen des Einseins emporheben"), ehrte er über 4000 Persönlichkeiten in aller Welt, darunter Carl Lewis und Nelson Mandela, indem er sie einarmig auf einer Plattform in die Höhe stemmte.

1987 rief Sri Chinmoy den Weltfriedenslauf "Sri Chinmoy Oneness-Home Peace Run" ins Leben. Dieser Lauf, der alle zwei Jahre stattfindet, ist die größte und längste Friedensstaffel der Welt. Hundertausende von Kindern und Erwachsenen auf allen Kontinenten tragen dabei brennende Fackeln als Symbole unseres gemeinsamen Strebens nach Frieden durch mittlerweile mehr als 80 Nationen und setzen damit ein Zeichen der Verbundenheit über nationale, politische, kulturelle und weltanschauliche Grenzen hinaus.

Wenn Sie mehr über Sri Chinmoy, seine Bücher, seine Musik, seine Kunst erfahren möchten, wenden Sie sich bitte an den Verlag The Golden Shore oder unsere Auslieferungen in Österreich und der Schweiz. Wir helfen Ihnen gerne weiter.

The Golden Shore Verlagsges. mbH
Austraße 74
D-90429 Nürnberg
Tel. (0911) 28 88 65 / Fax (0911) 28 84 12

Oneness-World
Steinberggasse 22
CH-8400 Winterthur
Tel. (052) 212 16 36 / Fax (052) 212 16 40

Gandharva Loka
Westbahnstraße 4
A-1070 Wien
Tel./Fax (01) 522 97 23